문학의 이론

Theory of Literature

민 병 욱

탑 북 스

책 머리에

이 책은 문학의 기본 개념들, 근본 문제들을 체계화하고자 했다. 그 체계화의 시작과 끝, 곧 문학이론은 언제나 문학개론에서 시작하여 문학개론으로 되돌아가는 것임을 새삼 깨닫는다. 그 결과 이 책의 차례는 문학의 정의에서 시작하여 문학의 중층구조 및 그 분석방법론에 이른다. 문학과 문학연구는 예술과 과학으로 서로 다른 영역이지만 서로 같이 묶어지는 영역이기도 하다.

그 영역을 '문학의 정의 및 범주'와 '문학 이론의 정의와 범주'로, '문학텍스트의 예비적 접근과 원본 비평 및 실증주의'로, '문학텍스트의 내적 구조와 내재적 접근(문학기호학 및 문학해석학)'으로, '문학텍스트의 외적 구조와 외재적 접근(전기비평, 심리주의비평, 문학정신사, 문학사회학)'으로, '문학텍스트의 중층체계와 구조분석'으로 묶었다.

그 묶음의 과정이나 체계화에 있어서 스스로 의도만큼 따라가지 못하고 늘 부족함을 헤아리고 있다. 다만 이 책이 문학을 연구하고 실제 문학비평을 하고자 하는 사람들에게 조금이라도 도움이 되기를 바란다.

2012. 5. 1

금정산기슭 연구실에서

저 자

차 례

Ⅰ. 문학의 정의와 범주

Ⅱ. 문학이론의 정의와 범주

Ⅲ. 문학텍스트의 예비적 접근

Ⅳ. 문학텍스트의 내적 구조와 내재적 접근

Ⅴ. 문학텍스트의 외적 구조와 외재적 접근

Ⅵ. 문학텍스트의 중층구조와 그 분석 방법론

Ⅰ. 문학의 정의와 범주

- 문학
  - 문학 그 자체
    - 형식구조주의적 관점
    - 사회역사주의적 관점
  - 예술로서의 문학
    - 철학적 관점
    - 과학적 관점
  - 문화로서의 문학
    - 문화학
    - 문화연구

1. 문학 그 자체
2. 예술로서의 문학
3. 문화로서의 문학

1. 문학 그 자체

1) 文 · 文學과 『詩經』

Literature의 개념과 반드시 일치하는 것은 아니지만, 文學이 文의 學이라는 의미에서 文은 그 개념의 형성과정을 이해하는 단서가 된다.

文은, 『說文解子』에서 '錯畵也 象交文'이라고 하여 '장식한다'는 뜻으로 풀이되고 있다. 文은 '文身의 文', '사람의 정면의 모습'으로 '장식', '무늬', '문신' 등을 뜻하고 있다. 文의 이러한 함의는, 갑골문과 금석문 시대 이후 '文字, 文辭, 文飾, 文獻, 文章, 文學' 등 다양한 용례로 사용된다.

文이 學과 결합하여 文學이라는 용어로 사용된 용례는 공자의 『論語』이다. 그 「先進篇」(德行; 顔淵, 閔子騫, 冉伯牛, 仲弓, 言語; 宰我, 子貢, 政事; 冉有, 季路, 文學; 子游, 子夏)에서 文學은 덕행, 언어, 정사와 함께 유학의 4과에 속한다. 이때 文學은 덕행, 언어, 정사라는 유학의 실천적 행위와 그 규범의 전거가 되는 고대 문헌이나 전적을 익히는 文章博學을 의미한다. 곧 文은 유학의 실천적 행위나 그 행위의 규범이 되는 고대 문헌이나 전적을, 文學은 그 문헌이나 전적을 익히는 것을 의미한다. 그 문헌이나 전적이 詩, 書, 六藝(禮 · 樂 · 射 · 御 · 書 · 數)之文이나 『詩』, 『書』, 『樂』, 『易』, 『春秋』의 六經을 뜻하므로 文學은 경서를 포함한 일반적인 학문과 동의어가 된다. 그 가장 중요한 전적인 경서가 유가사상의 전승으로 경학으로 발전하여 절대적인 학문영역으로 독립하자, 文과 文學의 의미는 새롭게 형성된다.

文의 초기 형식은 史(역사-산문)와 樂(음악-운문)이다. 史는 객관화 과정을 거치면서 文으로부터 분리되어 독립된 영역을 이루고 樂은 그 음악적 특성을 잃어버리면서 詩로 정착하게 된다. 곧 史가 분리되자 文은 다시 文(산문)과 詩(운문)로 분화되어 정착하면서 詩가 문학의 최고 가치로 인정받게 되고 『詩經』[1)]에 집대성된다. 이에 詩는 다음과 같이 규정된다.

① 공자가 말하기를 시 삼백 편은 생각하기에 간사함이 없다고 한다.(『논어』,「위정」)
② 시로써 흥하고 예로써 서며 악으로써 이룬다.(『논어』,「태백」)
③ 시는 감흥을 일으킬 수 있고, (사물을) 관찰할 수 있으며, (사람들을) 모을 수 있고, 원망을 할 수 있게 하며, 가까이는 아버지를 섬기고 멀리는 임금을 섬기게 하며, 새, 짐승, 풀, 나무의 이름도 많이 알게 한다.(『논어』,「양화」)
④ 그 사람이 온유돈후한 것이 시의 가르침이다. 그 사람이 온유돈후하면서도 어리석지 않다면 시를 깊이 통달한 사람이다.(『예기』,「경해」)

詩(①)는 인간성정의 올바름을 통하여 권선징악과 치국평천하를 이루는 것(思無邪)이다.

詩(②)는 인간의 성정 수양과정에서 거쳐야 하는 것들(詩, 禮, 樂)의 하나로서 인간의 도덕과 인품을 수양하는 것이다.

詩(③)는 개인의 성정을 도야하고 그 개개인들 간의 상호교류를 통하여 수양함으로써 올바른 사회와 정사를 이룰 수 있는 것(興觀群怨)이다.

---

1) 『詩經』은 공자(BC 551~479)가 주나라 초기(BC 11세기)부터 춘추시대 중기(BC 6세기)까지 약 5백년 간 시가 305편을 편찬한 시가집이다. 이 시가집은 원래 악관들이 민간의 가요, 사대부의 작품, 왕실의 연회나 의식 및 종묘에서 제사지낼 때 부르던 악곡의 가사들을 수집, 제작한 것을 다시 정리하여 편찬한 것이다. 그 시편은, 그 내용과 음악적 특성에 따라서 風(풍자하여 교화한다는 민간 가요로서 각 지방별 특색을 갖춘 악조), 雅(천하를 논하고 풍속을 형상한다는 귀족 작품의 악조 혹은 조정의 정악), 頌(덕을 찬미하고 신명에 고하는 제사 혹은 무곡에 쓰인 악조)으로 나눈다. 아울러 그 체재와 표현방법에 따라서 賦(사물에 대해서 자세히 설명하고 진솔하게 표현하는 것), 比(어떤 사물을 다른 사물에 비유하여 표현하는 것), 興(먼저 다른 사물을 말하면서 읊고자 하는 말을 이끌어 내는 것)으로 나눈다. 이러한 風, 雅, 頌, 賦, 比, 興을 六義 혹은 六詩라고 한다. 『詩經』은 한나라 초기 六經의 하나로 존중되면서 시를 교화 수단으로 여기는 詩敎說의 전통이 계승된다.

詩(④)는 인간의 성정을 온화하고 유순하며 두텁게 하여 도리에 어긋남이 없게 하는 것(溫柔敦厚)이다.

따라서 詩는 인간의 성정 수양과 올바른 정사의 도구로서 존재하는 것이다. 詩의 존재의의는 인간의 자기수양과 사회적 정치적 효용성에 있다. 곧 道(인간행위의 가장 근원적인 도리와 원칙)는 詩, 곧 文學과 일치한다는 文道論이다.

『詩經』으로 대표되는 동양적 전통에서 文學은 언제나 文(詩, 書, 六藝, 六經)과 道(인간행위의 가장 근원적인 도리와 원칙)의 관계 속에서 정의된다. 그 출발은 儒家의 文을 표준으로 설정하여, 道와 文이 하나라는 文道合一이나 文道一致를 강조하는 文道論이다. 文道論에서 文과 道는 詞章(문학)과 道學(학문), (문학의) 형식과 내용, 文統(문장의 전통)과 道統(도학의 전통)을 지칭하는 것이다.

文道의 결합관계는 道로부터 일탈하여 文 그 자체의 독립적인 영역을 추구하는 美文論으로 전개된다. 유엽의 『文心調龍』[2)]에서 經書를 문학작품으로 간주하는 것은 인간에게 道를 가르치기 위하여 존재하는 것이 아니라 美文으로서 道를 구체화 시켰기 때문이라고 한다. 經書에서처럼 성인은 文을 통하여 道를 밝히고, 道는 文을 통해서 밝혀진다는 것이다. 곧 美文이 道를 밝히는 수단이라는 因文明道論이 성립된다.

이러한 美文論은 다시 儒家의 文을 표준으로 하여 文이 道를 담아야 한다는 文道의 결합관계로 복귀한다. 文以載道와 文以貫道가 그것이다.

文以載道는 儒家의 文을 문장정통으로 보면서 道와 文을 목적과 수단, 실질과 기예, 근본과 작용으로 보는 것이다. 곧 文學이 道를 담는 도구이며, 그 사회적 기능이 사람들에게 道를 전하고 마음을 밝히는 傳道明心에 있다는 것이다. 이러한 문학

---

2) 『文心調龍』은 유엽(劉勰 전후 465~522)이 육조시대에 지은 것(추정연대 499~501)로서 상편 25장, 하편 25장으로 총 50장으로 구성된 문학이론서이다. 이 책의 총론에 해당하는 '도를 근본으로 삼고, 성현의 가르침을 본받으며, 경전에서 문장의 양식을 취하고, 위서를 참작하며, 《이소》(초나라 굴원의 작품)에서 변화의 묘를 감안하였다. 문학의 중추적인 요소는 여기서 거의 전부 다루었다고 볼 수 있다'고 한 「序志」는 다음과 같이 구체화 된다. 상편의 문원론(제 1~5장)과 문체론(제 6~25장), 하편의 창작론(제 26~44장), 비평론(제 45~49장), 요약(제 50장)이 그것이다. 문원론에서는 도를 문학의 본질로 보는 도문론(道之文)을, 문체론에서는 문학의 체재와 작품의 풍격을, 창작론에서는 오경(시경, 역경, 서경, 상서, 춘추)의 풍격을 바탕으로 하여 조사의 문체를 결합해야 한다는 것을, 비평론에서는 시인과 작품을 대상으로 하여 앞서 제시한 이론으로 행한 실제비평을 다루고 있다.

관은 道를 중시하고 文을 경시하는 것이며, 文을 載道의 도구로 봄으로써 문학의 독립적인 영역과 지위를 부정하게 된다. 道의 수양에 의해서 文은 저절로 드러나는 것인 바, 道를 수양하지 않고 드러나는 文을 作文害道라고 하여 문학 자체를 부정하는 극단론이 제기되기도 한다.

文以貫道는 儒家의 文을 문장 정통으로 보면서도 道와 文을 본말의 관계가 아니라 함께 본으로 존재한다는 것이다. 곧 文學은 道를 담는 그릇이 아니라 꿰뚫는 그릇이며, 그 기능은 道를 밝히는 明道에 있다는 것이다. 그 귀결점은 물론 공자의 道이지만 文은 화려한 문풍을 지양하면서도 고문의 모방이 아니라 혁신과 창의 그리고 수사를 통해서 道를 밝힐 수 있다는 것이다. 이러한 문학관은 道와 文을 서로 분리하여 道는 저절로 道가 되고 文은 저절로 文이 된다는 것으로서 문학의 독립된 영역과 지위를 인정하는 것이다. 그러나 이러한 道와 文의 분리는, 글을 짓을 때에 道를 임시로 취하여 글 안에 넣는다는 비판을 받을 뿐만 아니라 문학을 그 존재나 실질, 근본으로부터 분리된 화려한 문풍이나 수사로 정의한다는 비판에서 자유롭지 못하다. 따라서 동양적 전통에서 문학의 정의는 文道論을 출발점으로 하여 그 형식이나 내용 혹은 존재나 기능에 초점을 두고 文以貫道論과 文以載道論으로 변화하면서 오늘날에 이르고 있다.

2) Literature와 *Poetica*

Literature는 라틴어 littera에서 유래된 말이다. 라틴어 littera는 '알파벳의 문자'(letter of the alphabet)를, 그 복수형 litteræ는 '서간'(epistle), '서류'(written documents), '문학'(literature)을 의미한다. 라틴어 littera의 동의어 letter는 '도표 혹은 도식에 의한 기호'(graphic symbol)나 '(문자로) 씌여진 글자'(written character)를 의미한다. 이런 의미에서 본다면 Literature, 라틴어 Litteratura는 '문자로 형성된 저술'(writing formed with letters)이나 '문학적 제작품'이나 '작품'(literary production or work)을 의미한다.

그 어원에서 본다면 Literature는 도표나 도식에 의한 기호, 문자로 기록되거나 책으로 인쇄된 모든 것을 뜻한다. 곧 Literature라는 말의 의미는 문학을 종이 위에 기록된 인공물로 보는 관점이다. 그 개념을 정의하는 준거로 문자 혹은 도표나 도식에 의한 기호로 든다면 문학의 범위를 기록문학, 혹은 고정문학에 한정하는 것이다.

기록문학은 그 이전에서부터 말로 전승되어 온 구비문학을 문자로 기록한 것일 뿐만 아니라 현재에도 여전히 문자로 기록되는 문학작품이다. 구비문학은 옛부터 말로 구비 전승되어 오거나 현재에도 널리 유포되어 있는 유동문학이다. 유동문학은 구비 전승되어 오다가 언젠가는 문자로 기록되면서 정착될 것이다. 이런 의미에서 문학은 말로 된 것일 뿐만 아니라 문자로 된 것이며, 구비문학과 기록문학, 유동문학과 고정문학을 그 범위로 하고 있음은 당연하다.

도표나 도식, 문자의 인쇄된 시각적 형태는, 문학을 형성하고 있는 하나의 구조요소가 될 뿐만 아니라 특히 시에 있어서는 형태시[3]로서 그 하위갈래가 된다. 예컨대 황지우의 《무등》에 있어서 시 전체의 시각적 형태인 삼각형(△)은 작품의 구조와 의미구조의 유기적인 부분이 된다.

---

3) 시의 시각적 형태란 시에 있어서 시어를 시각화 한 것, 곧 시어로 사용된 문자의 집합을 시각 형태화 한 것을 말한다. 이런 경우, 문자는 단순히 표기의 수단일 뿐만 아니라 그 자체 혹은 그 집합들이 창작의 수단이 된다. 이를 일반적으로 시각시라고 부르며, 구체시, 비주얼시, 하이퍼텍스트시 등이 이에 속한다.
시각시는 언어기호보다도 비언어적 기호를 의미전달를 위해서 사용하는 바, 이를 시각언어라고 한다. 시각언어는 인간의 시각에 의하여 삶, 생활, 경험을 재현시키는 모든 요소를 말한다. 시각언어의 특성을 가장 잘 드러내는 것이 타이포그라피(typogarphy)이다. 타이포그라피는 활자로 그리기, 활자로 쓰기라는 의미를 가지고 있는데 음소들의 결합체인 말을 다시 음소로 분해하여 그 분해된 활자를 조합하는 행위이다. 이럴 경우, 활자는 조형성이나 그 이면에 잠재되어 있는 의미가 표출하게 되며, 타이포그라피의 표현 그 자체가 텍스트의 의미를 전달하는 도구가 되기도 한다. 시에 있어서 의성어, 숫자, 수학적 기호, 기하학적 도형, 시각적 형상, 구체적인 도상, 그림으로 된 기호(pictogram), 사진, 영화장면 등을 시적 구조요소로 삽입하는 것이다. 서구에 있어서 미래파, 독일 구체시, 러시아 그림시, 우리의 경우에는 1930년대 李箱을 비롯한 삼사문학동인, 신시론동인, 후반기동인 등 모더니즘계열과 1980년대 박남철, 황지우, 박덕규를 비롯한 해체주의 계열이 그 대표적인 경우이다.

山
절망의 산,
대가리를 밀어버
린, 민둥산, 벌거숭이산
분노의산, 사랑의산, 침묵의
산, 함성의산, 증인의산, 죽음의산,
부활의산, 영생하는산, 생의산, 희생의
산, 숨가쁜산, 치밀어오르는산, 갈망하는
산, 꿈꾸는산, 꿈의산, 그러나 현실의산, 피의산,
피투성이산, 종교적인산, 아아너무나너무나 폭발적인
산, 힘든산, 힘센산, 일어나는산, 눈뜬산, 눈뜨는산, 새벽
의산, 희망의산, 모두모두절정을이루는평등의산, 평등한산, 대
지의산, 우리를감싸주는, 격하게, 넉넉하게, 우리를감싸주는어머니

작품의 시각적 형태 삼각형(△)과 일치하는 산(山)은, 『說文解子』에서 '널리 퍼지다'는 형상적 의미를 가지고 있다. 작품은 그 첫 행이 '山'의 한 글자로 시작하여 삼각형(△)을 이루고 있으므로, 山이 '널리 퍼지는' 형태이다. 곧 작품의 시각적 형태는 '널리 퍼지는' 山의 모습을 시각화 한 것이다.

'널리 퍼지는' 것은 시각적 형태일 뿐만 아니라 그 의미도 山과 같이 '널리 퍼진다.' 『상징사전 A *Dictionary of Symbols*』(J.E.Cirlot)에 따르면 삼각형(△)은 숫자 3의 상징적 의미와 일치한다. 기독교의 삼위일체, 불교의 삼신불, 탄생-삶-죽음, 과거-현재-미래 등과 같이 삼각형은 시각적으로 안정성을 바탕으로 한 일체성과 신뢰성의 심리적 효과를 주며, 다양성 속에서의 일치, 대립성 속에서의 통합성, 특수성 속에서의 조화성, 지속성 속에서의 창조적 변환성을 상징한다. 이러한 상징적 의미와 시적 내용의 변화- '절망의 산에서 대지의 산, 우리를 감싸주는 어머니'로의

변화는 서로 상응한다.

따라서 문학을 기록문학으로 정의하는 것은 구비문학, 유동문학을 제외하지만, 그 시각적 형태를 작품의 구조요소로 받아들이기도 한다. 특히 시각적 형태는 사이버시대 문학[4]의 가장 중요한 구조요소가 된다.

Literature를 기록문학으로 한정하는 것이 아니라 그 어원 littera의 동의어 letter를 belles-lettres로 한정하여 정의하기도 한다. 곧 문학을 순문학으로 한정하는 것이다. 순문학(Belles-lettres)은 저술(Writings)의 범주를 기술하는 용어로서 모든 문학적인 작품을 포함하는 '아름다운' 혹은 '뛰어난' 저술을 뜻하며, 그러한 저술가를 순문학가(Belletrist)라고 한다. 순문학을 규정하는 '아름다운' 혹은 '뛰어난'은 그 정보적, 도덕적 내용 보다는 미적 질과 언어 및 문체의 독창성을 가리킨다.
곧 순문학이란 보다 예술적이고 보다 상상력이 풍부한 문학형식이며, 예술과 문학적 문화의 영역에 속한다. 이에 따라서 순문학은 문화와 예술의 영역에 속하며, 정보적 도덕적 내용보다는 미적 가치와 질을 가진 창조적 상상적인 형식으로 정의된다. 곧 문학은 그 형식의 미적 가치와 질, 곧 언어적 특성과 허구성으로 규정되는 것이다.

---

4) 사이버(cyber)란 사이버네틱스(cybernetics 키잡이를 뜻하는 그리스어 kybernetes에서 유래된 말로서 인공두뇌학이라고 함.)의 약어로서 사이버스페이스(cyber space)에서 비롯된 말이라는 점에서 사이버 문학이란 가상공간(cyber space) 속에서 창작(생산), 소통, 수용(소비)되는 문학활동을 총칭하는 용어이다. 달리 컴퓨터문학, 통신문학, PC통신문학, 인터넷문학, 디지털문학, 하이퍼텍스트문학이라는 용어로도 명명되기도 한다. 이러한 사이버 문학의 등장은 인터넷이라는 글쓰기 환경의 변화로 인한 바, 매체에 있어서 활자언어에서 전자언어로의 변화, 공간에서 있어서 작가와 독자 간의 일방적 관계에서 실시간 쌍방향적 소통으로의 변화를 가져온다. 그 변화는 문자텍스트에서 하이퍼텍스트(컴퓨터 파일 형태로 저장한 문자, 소리, 그림, 그래픽, 사진, 동영상 등이 서로 연결되어 단일한 텍스트의 성격을 갖는 것)로의 변화이다. 하이퍼텍스트는, 문자텍스트의 자기완결성과는 달리, 그 자체 스스로 완결되지 않는 읽기와 쓰기 텍스트이므로 문학의 전통적인 개념이 변화된다. 작가와 독자 간의 일방적 관계는 해체되고, 텍스트는 완결되지 않고 늘 새롭게 고쳐진다. 이에 따라서 글쓰기의 대중화와 글쓰기 규범의 일탈이 일어나기도 하지만, 미적 예술적 가치의 미숙성도 제기된다. 우리의 경우, 이성수의 《아틀란티스 광시곡》(1989.2)을 비롯하여 《우먼Q》, 《바이러스 임진왜란》, 《스핑크스의 저주》, 이우혁의 《퇴마록》(1993.7), 염승호의《하이브라드》, 이재연의 《너 남자 맞니?》, 귀여니의 《천사를 찾습니다》, 《내 남자친구에게》, 《신드롬》, 가그린의 《혼수상태》, 동경바라기의 《비밀정원》 등이 있다. 사이버 문학작품은 모든 웹 사이트(website)에 널리 개설되어 있으며, 문학이론 관련 사이트는 (http://www.cyberism.co.kr/)가 대표적이다.

언어와 허구로써 문학을 규정하는 서구적 전통은 아리스토텔레스의 『시학 *Poetica*』에서 체계화 되면서 널리 이어진다.

그에게 있어서 언어는 문자가 아니라 말이다. 말을 한다는 것은 곧 생각한다는 것이며, 말은 로고스의 자료이다. 동물과 달리 인간만이 로고스를 가지고 있으므로 인간의 말은 로고스이다. 이러한 말과 말로부터 파생된 문자가 '아름답게 꾸민 언어', 곧 리듬과 선율이 있는 언어일 때 비극의 6요소 가운데 하나가 된다. 곧 그는 말을 로고스로 보고, '아름다운' 말이나 표현을 문학의 언어로 보는 것이다. 그에게 문학의 언어는 '아름다운' 언어표현이다.(그는 언어표현과 노래를 모방의 수단으로, 시인을 모방의 기술자로 보고 있다. 그에게 가장 중요한 구조요소는 플롯이며, 플롯을 비극의 영혼으로 인식하고 있다.)

그에게 있어서 모방으로 번역되는 용어는 미메시스(mimesis)이다. 미메시스는 현실의 모방이 아니라 자연의 모방이며, 실제로 존재하고 있는 현실이나 일어난 사건들의 모방, 실제로 존재할 수 있는 현실이나 일어날 수 있는 사건, 개연성과 필연성의 법칙에 따라서 일어날 수 있을 것이라고 기대할 수 있는 일의 모방이다. 현실의 모방은 사실의 특수한 것을, 자연의 모방은 사실의 보편적인 것을 모방하여 이야기한다. 자연의 모방과 현실의 모방, 보편성과 특수성으로 시와 역사가 구별된다. 문학적 미메시스란 현실적으로 존재하는 것 이전의 진실, 곧 개연성과 필연성에 기초하여 앞으로 일어날 수 있는 것- 보편성과 허구성을 표현하는 것이다. 이때 미메시스란 허구(Fiction) 혹은 상상적(imagitive)이란 말과 동의어가 된다. 허구 혹은 상상은 사실과 구별됨으로써 시를 역사로부터 구별하고 분리하는 것이다.

아리스토텔레스의 '아름다운' 언어와 '허구'는 문학을 상상적인 문학 혹은 순문학으로 규정하는 서구적 전통의 한 축이 된다.

『시학』으로 대표되는 문학의 정의도 Literature, 곧 저술(Writings)에서 출발한다. 그 순문학을 출발점으로 하여 '문학적 형식과 표현으로 위대한 책'으로 규정되기도 한다. 이러한 정의는 문학의 개념을 규정하는 기준으로 '문학적 형식과 표현'이라는 심미적 가치 혹은 '위대한'이라는 지적 가치 혹은 교육적 가치를 설정하고 있다. '문학적 표현과 형식'이라는 심미적 가치는 문학의 개념을 규정하는 기준이 된다. '위대한'이라는 지적 가치나 교육적 가치만으로 문학의 개념을 규정하기에는 충분하지 않다. 예컨대 지적 가치나 교육적 가치가 높은 사회과학서적이나 철학서적, 역사서적 등은 아무리 '문학적 표현과 형식'을 갖추었다 하더라도 사회과학, 철학, 역사 등 문학의 범주를 벗어나 있다. 『한국의 명저』(전 3권, 현암사, 1982), 『현대 한국의 명저 100권』(동아일보사, 1985.1)에서 문학은 철학, 종교, 정치, 경제, 역사, 지리, 과학기술 혹은 국어국문학, 역사학, 철학, 사회학, 정치학, 경제학, 법학 등과 구별되어 있다. '위대한'의 지적 가치나 교육적 가치는 문학의 개념을 규정하는 문학 외적 기준의 하나가 될 수 있지만 필요충분조건은 아니다.

문학의 개념을 규정하는 조건으로, 아리스토텔레스가 제시한 심미적 가치보다도 앞서서 지적 가치나 교육적 가치를 제시한 것은 플라톤의 저서 『대화편』이다. 『대화편』에서 시인은 교사이면서 영감을 받은 자로서 '기술(art)로서가 아니라 신의 힘에 의해 노래하는 사람이다.' 이러한 교사로서의 시인은 장인보다 열등한 사람이다. 이데아의 세계에 존재하는 실재(혹은 진리)가 있다면, 장인과 시인이 살고 있는 물질세계에는 실재가 존재하지 않는다. 침대의 실재가 이데아의 세계에 있다면 장인은 지식으로서 침대 이데아의 모조품을 만들지만, 시인은 영감으로서 침대 이데아의 모조품의 모조품을 만든다. 곧 시인은 '이데아의 모방의 모방', 진리로부터 '모방의 모방'의 2 단계나 떨어져 있다. 이런 의미에서 시인은 진리에의 열망과 공동체에의 봉사로 이루어지는 공화국에서 추방당한다.

시인의 추방에도 불구하고 공화국에서 시를 추방할 수는 없다. 공화국에서 허락하는 시인과 시는 '공식적인 제도', 곧 청년의 교사(교육의 감독자)와 법률관리인의 판단에 의해서 결정된다. 시인은 '50세 이상으로서 자신이 훌륭하고 국가에서 명예로운 자들'이며, '아무리 음악과 시적 천성을 가졌다고 할지라도 평생 고상한 또는 빛나는 행위를 한 번도 하지 않는 자는 제외한다.' 시는 '신과 훌륭한 인물에 대한 찬미가, 승리자를 축하하거나 군사훈련에 도움이 되는 내용, 권선징악의 내용'이다. 이럴 경우 시인은 교사로서 그 교육적 목적과 가치를 달성할 수 있다.

교사로서의 시인, 교육적 가치로서의 시는 호라티우스(Horatius)의 『시의 기술』이다. 『시의 기술』에서 '시는 반드시 시 자체만을 위해서 존재하지 않는다'고 하면서 '시인은 즐거움과 유용함을 함께 혼합해야만 한다'는 교육적 가치를 문학작품의 조건으로 제시한다. 곧 시는 교육적 가치를 그 목적으로 하되, 시인은 즐겁게 가르

쳐야 한다. 이른바 문학당의정설(sugar-coated pill theory)이 그것이다.

따라서 서양적 전통에서 문학의 정의는 그 심미적 가치나 교육적 가치 혹은 문학 내적인 것이나 외적인 것에 초점을 두고 오늘날에 이르고 있다.

참고문헌

강손근,「플라톤철학에 있어서 예술비평의 원리에 관한 연구」,『철학논총 · 19』, 새한철학회, 1999, pp.179~200.

김민나,『문심조룡 : 동양문예학의 집대성』, 살림출판사, 2005.

김세환,「학술용어 文學과 文章의 검토」,『한국민족문화 · 9』, 부산대학교 한국민족문화연구소, 1997, pp.351~374.

김 헌,「아리스토텔레스의 구분」,『서양고전학연구 · 22』, 한국서양고전학회, 2004, pp.1~31.

서승원,「플라톤의 시와 예술에 대한 비판」,『서양고전학연구 · 6』, 한국서양고전학회, 1992, pp.61~95.

송원찬,「"文"字와 "文學"에 대한 고찰」,『중국어문논역총 · 13』, 2004, pp.101~130.

신겸수,「플라톤과 문학비평」,『인문논총 · 6』, 경기대학교 인문대학 인문과학연구소, 1998, pp.175~197.

안상수,『타이포그라피적 관점에서 본 李箱 시에 대한 연구』(박사학위논문), 한양대학교 대학원 응용미술과, 1995.

이병한,『중국고전 시학의 이해』, 문학과 지성사, 1992.

이상섭,『아리스토텔레스의 시학 연구』, 문학과 지성사, 2002.

정익락,「『논어』에 나타난 공자의 예술정신과 문학사상」,『대동한문학 · 18』, 대동한문학회, 2003, pp.175~221.

최재현,『중국고전문학이론』, 역락, 2005.

버어넌 홀 2세,『서양문학비평사』, 이재호 · 이명섭 공역, 탐구당, 1976.

아리스토텔레스, 호라티우스, 플라톤,『시학』, 천병희 역, 문예출판사, 1987.

유 협,『문심조룡』, 최동호 번역, 민음사, 1994.

찰스 브레슬러,『문예비평』, 윤여복 · 송홍한 공역, 형설출판사, 1998.

2. 예술로서의 문학

1) 미학과 예술학의 체계화

『시경』과 『시학』에서 文과 Letter, 곧 문자를 어원으로 하고 있는 문학은 일반적 의미에서의 학문과 문학적 저술이라는 의미로 분화되어 사용되어 왔다. 그 과정에서 문학의 개념은 그 자체를 수단/목적으로 삼는 도구론적/목적론적, 실용론적/형식론적, 사회적 기능론적/미적 존재론적 정의로 구별되어 사용되기에 이른다. 이러한 분화과정에서 문학이 예술적(artistic), 미학적(aesthetic), 상상적(imaginative), 창조적(creative) 등 현대적 의미로 사용된 것은 서구에서는 19세기 이후, 한자문화권에서는 그 서구적 개념을 받아들인 19세기에서 20세기 사이이다.

서구에서 19세기 낭만주의는 신 중심에서 인간 중심으로 사유가 바뀐 시기이다. 이 시기 인간은 그 존재 의미를 신과 영감이 아니라 그 자신과 감성을 통하여 인식하게 된다. 인간은 신의 존재를 부정하고, 그 자리에 예술을 대체한다. 낭만주의 시인 워즈워드(W.Wordsword)가 '시는 감정의 자연스러운 발로'라고 한 것은 당연하다.

동시대의 이러한 상황 속에서 예술을 자연의 모방이 아니라 인간의 감성에 의한 미적 기술로 보는 미학(감성적 인식의 학문), 예술의 본질, 기원, 기능, 종류, 창작과 수용 등을 대상으로 하는 예술학이 체계화 된다.

칸트(I.Kant)는 비로소 문학을 언어예술로 받아들이면서 예술의 하위갈래들- 언어예술(웅변술과 문예), 조형예술(조형미술과 회화), 감각적 유희예술(음악과 색채예술)

로 체계화 한다.

2) 예술의 하위갈래로서의 문학

현대에 이르러서 예술로서의 문학, 곧 문학을 예술의 하위갈래[1])로 받아들이면서 문학의 예술적 연구, 예술로서의 문학의 이론을 체계화 하고 있다. 그 체계화의 준거로 삼는 것은 질료(matter), 형식(form), 내용(content)이며, 문학작품은 다음과 도식화 된다.

---

1) 예술의 갈래를 체계화 하고 분류하는 기준과 방법들(『미학사전』, 편집부 엮음, 논장, 1998, pp.411~419.) 가운데 과학적·경험적 입장(발생론적, 유형론적 시각)을 정리하면 다음과 같다.
   ① 정적 예술과 동적 예술 - 예술은, 장식 미술을 기원으로 하여 회화, 조각이 발달한 정적 예술, 무용을 기원으로 하여 시가, 음악이 발달한 동적 예술로 나누어진다.
   ② 시간예술과 공간예술 - 예술은 그 표현수단이나 예술형식으로 나누어진다. 시간예술은 그 예술 형식이 몸짓, 음성, 몸짓 및 음성이냐에 따라서 연극, 음악, 시로 나누어진다. 공간예술은 그 예술 형식이 입체, 공간, 입체 및 공간이냐에 따라서 조각, 건축, 회화로 나누어진다. 이러한 예술체계에 있어서 연극과 조각, 음악과 건축, 시와 회화를 서로 대응시키고 있다.
   ③ 자유예술과 응용예술 - 예술은 미적 가치와 효용적 가치를 지향하는 바, 이러한 지향성에 이바지 하느냐 그렇지 않느냐에 따라서 2 종류, 자유예술(순수예술)과 응용예술(효용예술)로 나누어진다. 전자에는 문예, 음악, 회화가, 후자에는 건축, 공예, 장식미술이 속한다.
   ④ 시간예술과 공간예술 및 시공간예술 - 예술은 시간적 선후관계, 공간적 병존관계, 그것들의 결합에 따라서 시간예술, 공간예술, 시공간예술로 나누어진다. 시간예술은 시간적 선후관계의 계기성, 운동성, 추이성을 가지고 있는 운동예술인 바, 실재적 공간이 없는 시간적 선후관계에 있는 문예, 음악이 있다. 공간예술은 공간적 병존관계의 동시성, 정지성, 공존성을 가지고 있는 정지예술인 바, 2차원적인 공간을 지닌 회화와 평면 장식, 3차원적인 공간을 지닌 건축과 조각이 있다. 시공간예술은 시간적 선후관계와 공간적 병존관계를 동시에 지니고 있는 바, 공간적 연장을 가지면서 시간적으로 발전해 가는 연극, 영화, 무용이 있다.
   ⑤ 사물예술과 비사물예술 - 예술은 현실세계와 관계맺음에 따라서 사물예술과 비사물예술로 나누어진다. 사물예술은 현실세계에 존재하는 일정한 사물(인간과 그 활동)을 구체적인 형태로 묘사하는 모방예술(재현예술, 묘사예술)로서 문예, 연극, 영화, 조각, 회화 등이 있다. 비사물예술은 현실세계의 사물에 속박되지 않고, 감정, 기분 같은 주관적인 상태를 추상적인 형식으로 표출하는 비모방예술(표현예술, 기분예술)로서 건축, 장식, 음악 등이 있다.
   ⑥ 이러한 예술체계에서 본다면, 문학은 무용을 기원으로 하여 발달한 예술, 몸짓 및 음성을 그 형식으로 하는 예술, 미적 가치를 지향하는 자유예술, 시간적 선후관계의 계기성, 운동성, 추이성을 가진 시간예술, 현실세계에 존재하는 일정한 사물(인간과 그의 활동)을 구체적으로 묘사하는 모방예술이다.

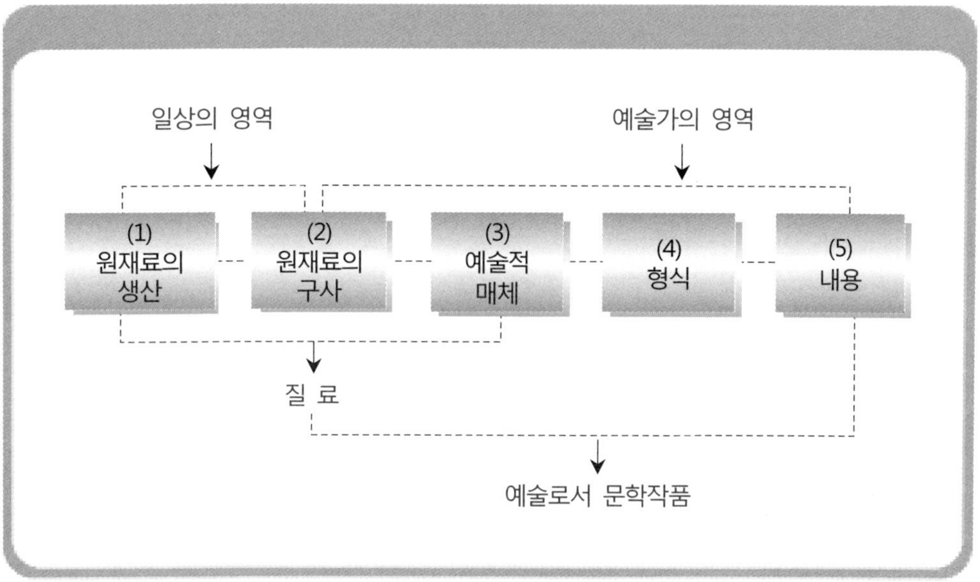

예술로서의 문학작품을 형성하는 가장 기본적인 물질적 재료, 자연 그대로의 재료들, 곧 원재료(raw-material)은 언어와 체험이다. 원재료는 일상의 영역에 있는 그대로 인 바, 언어는 일상적인 언어이며, 체험은 인간의 내, 외적 모든 일상적 체험이다.

작가는 이러한 원재료- 일상적 언어와 체험을 인위적으로 가공하여 문학작품이라는 그릇 속에 담는다. 작가의 인위적인 가공으로 일상적 언어는 문학적 언어가 되고 일상적 체험은 문학적 체험이 된다.

일상적 언어에서 문학적 언어로의 변화는 음성(외연)의 변화가 아니라 문맥 속에서 의미(내포)의 전용이 일어난다. 예컨대 김소월의 '엄마야 누나야 강변살자'(〈엄마야 누나야 강변살자〉)에서 '강변'은 국어사전의 '강가 혹은 강의 가장자리에 잇닿아 있는 부근'이 아니라 그러한 정서를 환기시켜주는 '자연' 혹은 '전원'이라는 의미와 동일한 차원으로 전용된다.

일상적 체험에서 문학적 체험으로의 변화는 실감의 유리와 보수의 과정을 거친다. 실감의 유리란 현실적 체험으로부터 받은 실제 감정이나 정서로부터 떨어지는 것이며, 실감의 보수란 그 감정이나 정서를 수정, 정리하는 것이다. 예컨대 이근삼의 희곡 《원고지》는 '미국에서 공부를 마치고 돌아오는 길에 하와이에서 며칠 쉬는 동안 한국에서의 앞으로의 나의 생활을 상상해서 쓴 것'과 마찬가지로 문학적 체험은 상상력에 의하여 실제 체험이나 가상적 체험 등이 미적 체험으로 변화한 것이다. 체험은 문학작품의 잠재적인 원인이며, 작품이 재현하고 있는 예술적 대상, 예컨대 인물, 사건, 배경 등이 된다.

따라서 일상 언어와 일상 체험이 문학작품이라는 그릇 속에 '담겨질 때', 곧 기술에 의하여 문학적인 것으로 가공되어 생산될 때, 문학적 언어와 문학적 체험이 되고 형식과 내용을 형성하는 예술적 매체(artistic medium)가 된다.

원재료와 예술적 매체는 질료이다. 질료[2]에 의하여 문학작품은 다른 예술작품들과 구별된다. 문학은 언어를, 음악은 소리를, 미술은 색을 질료로 한다. 이런 의미에서 예술로서의 문학은 그 질료를 자연이 아니라 언어와 체험에 두고 있으므로 과학적 대상이 된다.

---

2) 질료란 예술의 하위 갈래를 변별하는 기준으로서 예술작품을 형성하는 형성 재료이다. 질료에서 본다면 문학과 다른 예술은 다음과 같이 구별된다.

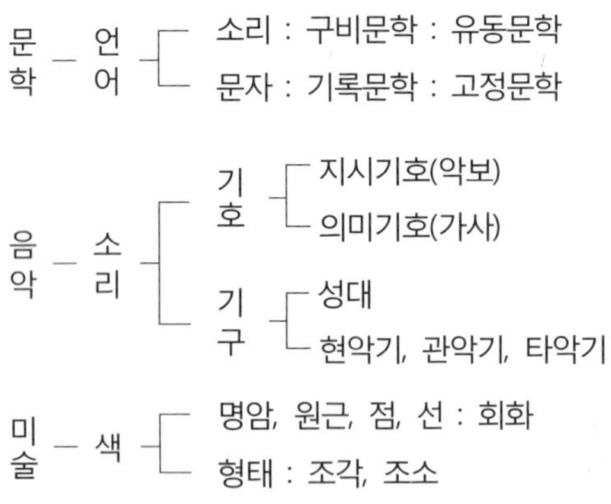

참고문헌

김채수, 「예술로서의 문학 연구와 문화로서의 문학연구」, 『일어일문학 · 11』, 대한일어일문학회, 1995, pp. 219~247.

T.Eagleton, 『문학이론입문』, 김명환 외 공역, 창작과 비평사, 1986.
V.C.Aldrich, 『예술철학』, 오병남 역, 종로서적, 1987.
T.M.Greene, *The Art and the Art of Criticism*, Princeton Univ. Press, 1952.

3. 문화로서의 문학

1) 문학 자율성의 위기

Literature가 '순문학'이라는 의미로 확정되어 사용한 것은 구텐베르그(J.Gütenberg, 1397~1468)의 인쇄술 발명 이후이다. 인쇄술에 의해 구술언어에서 문자언어로 바뀌자, 문학은 문자언어의 대표적인 것으로 예술장르의 가장 중요한 위치를 차지하게 된다. 인쇄문화가 지배적인 시기, 근대 문학은 자국어 문자생활을 기반으로 성립된 문자문화의 대표적인 현상이다. 이러한 문자언어가 20세기 전자혁명에 의하여 새로운 구술언어, 곧 영상언어로 바뀌자, 문자언어로서의 문학은 새로운 매체 환경에 처하게 된다. 이를 '문학의 위기', 심지어 '문학의 죽음'으로 명명하면서 문학의 새로운 영역을 요청하게 된다. '문학의 위기'란 서구에서는 1960년대, 한국에서는 1990년대 문학계와 문화계의 가장 중요한 쟁점이 된다. 그 쟁점에서 공통적으로 제기된 것은 '문학의 위기'란 곧 '자율성의 위기'이며, 후기 산업사회의 '전자혁명' 때문이라는 것이다.

'문학의 자율성'은 문학을 미적 구조물로 전제로 하여 '문학답게' 다루는 것이다. 이것은 자율성이라는 미명 아래 문학 그 자체의 텍스트와 미적 가치만을 수락하고 그것들의 상호텍스트성과 정치적 사회적 가치를 배제하는 불순한 '정치적 태도'이다. 이러한 태도는 문학적 특성 X만을 문학이나 문학비평에 귀속시켜야 하며, 만일 그렇지 않을 때 사회적 결과 Y가 나타나기 때문이라고 하면서 오히려 문학을 특정

집단이나 공동체의 이데올로기적 도구로 삼는다. 이런 의미에서 자율성이란 자율적이라고 가정되고 합의된 허구이며 이데올로기에 지나지 않으며, 텍스트 그 자체와 미적 가치도 이데올로기적 전략에 지나지 않는다.

텍스트로서의 문학은 텍스트 그 자체가 아니다. 오히려 텍스트를 텍스트로서 존재하게 하고 그 의미를 생산하는 언어, 사회, 역사 등이 담긴 총체적인 담론의 공간이다. 텍스트로서의 문학의 의미는 그 '내부'에 의해서가 아니라 오히려 그 '외부'의 담론과 제도에 의해서 결정된다. 곧 문학 텍스트는 텍스트 그 자체가 아니라 그것의 생산, 분배, 수용의 사회적 조건에 의해서 존재하는 상호텍스트이다. '문학의 자율성의 위기'란 문학을 텍스트 그 자체로 그 미적 가치만을 옹호하고 수락하려는 이데올로기 전략이다. 문학은 문학 그 자체의 '내부' 영역에 놓여 있는 것이 아니라 사회적 구성체 속에 놓여 있다. 이런 의미에서 문학은 인간의 지적 예술적 가치에 관련된 특수한 내적 과정이라기보다는 인간의 전반적인 삶과 사회, 역사, 세계 등에 연관된 문화현상이다. 문학은 그 '내부'의 영역에 갇힌 미적 구조물이 아니라 그 '외부'의 영역과 밀접한 연관을 가진 문화적 구성체이다.

2) 문학의 새로운 정의

문화적 구성체로서의 문학은 문학이 새로운 문화적, 사회적 환경에 놓여 있다는 것이다. 그 환경은 언어적 환경이 아니라 매체적 환경이다. 문학은 구술이나 문자언어와는 다른 새로운 환경, 곧 영상언어 속에 놓여 있다. 문자언어가 인쇄술의 발명이라면 영상언어는 전자혁명이다.

'전자혁명'은 사회에 있어서 '문자 이전 시대(구술문화) → 문자시대 → 전자시대', 기술문화에 있어서 '제1구술문화 → 문자 미디어 문화(인쇄술) → 제2구술문화', 언어에 있어서 '구어 중심세계 → 문자 중심세계 → 비디오(영상) 중심세계'로의 변화[1)]

1) 구술, 문자, 영상 언어와 문화(윤태진 외, 『문자문화, 구술문하, 영상문회의 진화와 상호작용』, 2004, 정보통신징책연구원, 2004, p.24.)

라는 것이다. 이러한 사회, 기술, 언어의 변화는 문자시대, 문자 미디어 문화, 문자 중심세계에 있는 문학의 변화를 필연적으로 요구하게 된다. 그 요구는 문자언어로서의 문학에게 있어서는 '위기'이다, 그 '위기'는 달리 말하자면 동시대 규범적인 틀에서의 '위기'이지만, 그 규범을 벗어난 새로운 규범의 등장이라는 측면에서는 '위기'가 아니라 '새로운 시작'이다. '문학의 위기'는 문학에 관한 규범적인 틀을 깨고 문학을 새롭게 정의해야 한다는 것도 된다.

	구술언어 중심세계	문자언어 중심세계	영상언어 중심세계
이상적 인간집단 (정치적 발생물)	단일(도시국가, 왕족) 절대주의	전체(국민, 민족, 정부) 민족주의와 전체주의	개인(인구, 사회) 개인주의와 아노미
시간의 존재	원(영원, 반복) 고대 중심	선(역사, 진보) 미래중심	점(시사성, 사건) 자아중심
기준 세대	선조	성인	젊은이
패러다임	신화 (신비, 도그마, 서사시)	이성 (유토피아, 시스템)	영상 (정서와 환상)
상징 기구	종교(신학)	체제(이데올로기)	모델(도상학)
정신적 계급	교회(예언자, 사제) 신성 : 도그마	지식인 신성 : 지식	미디어(송신자) 신성 : 정보
정당성의 준거	신성한 것	이성적인 것	효율적인 것
복종의 원동력	신앙(광신주의)	법(독단주의)	의견(상대주의)
영향력 행사의 수단	설교	출판	출연
흐름의 통제	성직자집단	정치집단	경제집단
개인의 지위	명령해야 할 신민	설득해야 할 시민	유혹해야 할 소비자
동일시의 대상	성자	영웅	스타
상징적 권위의 근원	보이지 않는 것(기원) 증명할 수 없는 것	읽을 수 있는 것 (근거, 원리, 논리적 진리)	볼 수 있는 것(사건), 그럴 듯한 것
사회적 지도력	상징적 실체 : 왕 (왕조 계승의 원칙)	이론적 실체 : 대표 (이데올로기적 원칙)	산술적 실체 : 지도자 (통계적 원칙, 인기도)

3) 문화로서의 문학의 성립

문학을 새롭게 정의하는 기준은 '전자혁명'에 의한 새로운 매체 환경의 변화이다. 그 변화는 생산환경에 있어서 컴퓨터의 등장이다. 컴퓨터의 등장은 컴퓨터 그 자체와 그것들의 네트워크, 곧 인터넷을 기반으로 한다. 컴퓨터(인터넷)는 창작공간, 독서공간을 매개한다. 그 공간은 사적이며 사회적 현실공간에서 가상공간으로 변화이다. 그 변화는, 작가는 컴퓨터 워드프로세서 기능을 사용하여 작품을 생산하고, 전자게시판이나 E-메일을 통해서 전달되는 독자의 참여를 허용하면서 온라인 네트워크를 통해 작품을 업로드 한다. 독자는 관련 특정 사이트에 접속하여 작품을 다운로드하여 감상하고 전자게시판이나 E-메일을 통해서 작가의 생산에 참여하기도 하고 마니아(mania), 팬(fan), 폐인(廢人) 등과 같은 공동체를 만들기도 한다. 이러한 작가와 독자 간의 관계는 서로 독자적인 영역에 있는 생산자와 소비자의 관계에 놓이는 것은 아니다. 서로 미리 생각한 재료들에서 선택한 질료를 (부분)수용 혹은 (부분)공유하여 공동으로 텍스트를 형성하고 생산하기 위하여 조립하므로 독자는 작가가 되고, 작가는 독자가 된다.

작가와 독자의 이러한 관계에서 생산된 작품은 작가의 권위에 의해서 생산된 고정적인 문학작품이 아니라 '저자의 죽음'과 함께 작가의 개성적이고 전문화된 창작 훈련보다는 창작에 관한 정보와 지식을 활용하는 컴퓨터 프로그램에 생산된 텍스트이다. 텍스트에서 작가와 독자, 전문가와 비전문가, 창작행위와 표절행위, 원작과 위작, 원본과 이본 등 그 구분이 사라지면서 문학작품은 언어텍스트에서 하이퍼텍스트(컴퓨터 파일 형태로 저장한 문자, 소리, 그림, 그래픽, 사진, 동영상 등이 서로 연결되어 단일한 텍스트의 성격을 갖는 것)로 변화한다. 예컨대 1984년 D.볼터와 함께 개발한 글쓰기 프로그램 '스토리스페이스'를 기반으로 하여 소설가 M.조이스가 1987년 발표한 하이퍼 픽션[2] 《오후 : 이야기》가 그 최초의, 대표적인 예이다.

---

2) 하이퍼 픽션은 하이퍼 문학의 가장 대표적인 장르이다. 하이퍼 문학은 여전히 새로운 형성과 확장이 진행 중이기 때문에 그 종류와 유형을 분류하기란 어렵다. 이에 《오후 : 이야기》와 같

전자혁명에 의한 이러한 문학의 매체 환경 변화는 '문학을 새롭게 정의해야 한다는 것'이다. 새로운 정의는 문학이 문자문화로부터 자유로워야 한다는 것이며, 문자문화가 가지고 있는 '기록성, 위대성, 순문예적인 상상력'과 같은 엘리트적인 개념에서 '영상성, 유희성, 시청각적인 상상력'과 같은 평범한 개념으로 변화한다는 것이다. 이럴 경우, 문학은 엘리트적 교양의 차원이 아니라 평범한 대중문화로 수용된다. 문학은 문화로서 그 영역을 확장하게 된다. 혹은 문학은 문화로서의 문학, 문학 문화[3]가 된다.

① 문학 문화는 문학적으로 구성된/되는 체계로서 그 구성의 기초 단위는 문학텍스트와 문학활동이다.
② 문학 문화는 축적된 문학경험으로서 문학 주체들은 문학 문화의 기반 위에서 문학 문화와 상호 작용하면서 문학 활동을 한다.
③ 문학 문화는 문학에 관한 관습과 규약으로서 문학과 문학 아닌 것을 구별하는 기준, 좋은 혹은 위대한 문학과 그렇지 않는 문학을 구별하는 기준에 관한 준거를 제공한다.
④ 문학 문화는 문학 활동을 통해 구성되고 학습된다.
⑤ 문학 문화는 문학과 문화를 총체적으로 지지한다.

이, 널리 알려진 대표적인 유형의 작품 D.M.Yun의 《지하철 이야기》(유봉근, 「하이퍼텍스트 문학과 작가의 전략」, 『독일문학 · 99』, 한국독어독문학회, 2006, p.171.)를 소개한다. 이 작품은 텍스트 중심의 작품으로서 그 첫 페이지에 작가는 제목과 함께 지하철 노선도를 제시하여 독자에게 자유로운 선택권을 부여한다. 독자는 제목을 클릭하여 몇 호선에 승선할 것인지를 결정하고 행선지가 다른 노선들 가운데 하나를 선택하여 텍스트를 만난다. 그 도중에 특정한 경로를 선택하여 이야기를 따라가거나 다른 링크를 선택하여 다른 경로의 이야기 텍스트를 만난다. 그러다가 독자는 다시 첫 페이지로 돌아와서 다른 노선을 선택하거나 지하철을 환승하여 새로운 텍스트를 만난다. 이러한 과정이 되풀이 되면서 독자는 작가가 제시한 텍스트를 만난다.

3) 문학 문화 혹은 문화로서의 문학은 문학의 영역을 문화의 영역으로 확장하여 그 개념을 새롭게 정의한다는 것이다. 이를 거부하는 경우(이상호, 「문학 확장에 관한 비판적 성찰」, 『한국문예비평연구 · 26』, 한국문예비평학회, 2008, pp.369~394.), 예술로서의 문학의 가치와 자본주의 논리에 근거하고 있는 문화상품을 동일선 상에 놓아서는 안되며, 오히려 자본주의에 의해서 생겨난 인간 정신의 위기를 구원하는 문학의 정신적 가치가 있다는 것을 근거로 하고 있다. 이를 수락하는 경우는 현대 대중사회의 전자혁명이 문학의 매체환경을 변화시켰다는 것을 근거로 하면서 문학 문화의 개념(김창원, 「문학 문화의 개념과 문학교육」, 『문학교육학 · 25』, 한국문학교육학회, 2008, pp.514~544.)을 정의하고 있다.

보론 문학의 발생, 기능, 효과와 문학관

1. 문학의 발생

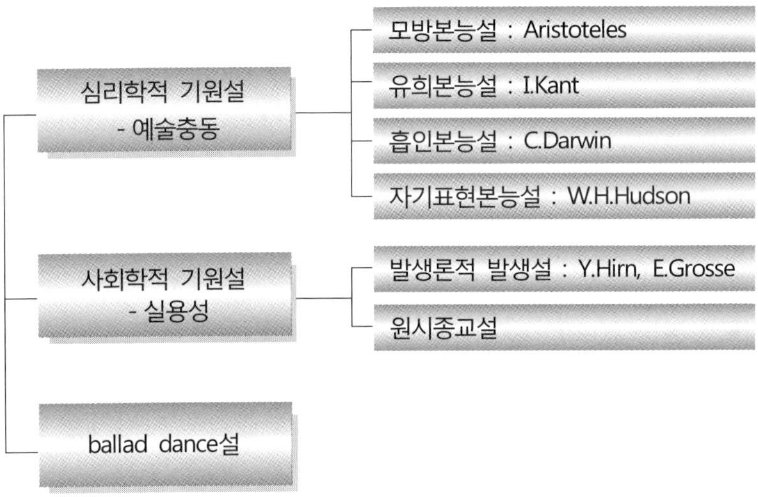

1) 심리학적 기원설

문학예술의 발생을 개인의 심리적 욕구- 즉, 예술 충동(art impulse)을 중심으로 고찰하는 것으로서 기본적으로 예술의 발생 동기를 심미적 차원에서 이해한다.

(1) 모방본능설(imitative impulse)

아리스토텔레스는, 모방이 인간의 본능, 본능의 만족이 즐거운 것이라고 하면서 예술을 자연의 모방이라고 주장했다. 모방은 인간의 관념적 세계에 관한 것이 아니라 사람이 살고 있는 현실적 세계에 관한 것이라고 하면서 특히 문학에 있어서 모방이란 인간의 심성과 행위의 보편적 양상을 제시하는 것이라고 했다. 즉 문학은 인생의 진실을 모방한 것이다.

(2) 유희본능설(play impulse)

칸트는 사람에게 원래 유희 본능이 있는 바, 이것은 생명보존본능과 종족보존

본능을 충족시키고 남은 에너지-즉, 정력의 과잉(surplus of energy)에 의해서 생겨난 것이다. 이러한 정력의 과잉으로 인한 유희본능이 작용하여 문학과 예술이 발생했다는 것이다. 이때, 유희는 실제 생활과는 무관한 것-, 즉 공리로부터 해방된 것이며, 초월성과 자유의 동의어이다.

(3) 흡인본능설(instinct to attract others by pleasing)

C.다윈(Darwin)과 같은 진화론자들은 인간도 다른 동물과 같이 남을 끌어들이는 흡인 본능이 있어서 문학예술을 창조한다는 것이다. 즉, 사람이 남의 관심을 끌기 위하여 장식을 하고 치장을 하는 바, 이러한 흡인본능의 소산이 문학의 창작이라는 것이다.

(4) 자기표현본능설(self-expression instinct)

W.H.허드슨(Hudson)은 문학과 예술이 자기를 표현하려는 본능에 의하여 발생했다는 것이다. 그는 문학을 만드는 인간의 심리적 동기로 4 가지를 들고 있는 바,

㉠ 인간 자신이 가지고 있는 자기표현의 욕구
㉡ 인간이 가지는 인간과 그의 활동에 대한 흥미
㉢ 인간이 가지는 현실의 세계와 공상의 세계에 대한 흥미
㉣ 인간이 형식을 형식으로서 기뻐하는 마음

2) 사회학적 기원설

문학예술의 발생을 사회적 집단 욕구- 삶과 관련된 실천적 동기와 현실성에서 발생했다고 보는 입장으로서 이른바 실용도구유래설이다.

(1) 발생론적 발생설

Y.헌(Hirn), E.그로쎄(Grosse)에 의하면 예술은 유희 이상의 어떤 것으로서 인간의 실제 생활과 관련을 맺고 있는 비심미적 목적으로 발생했다는 것이다.

㉠ Y.헌(Hirn)은 예술이 노동과 깊은 관계를 맺고 있는 바, 첫째 개개인의 노동을 자극하고, 둘째 협동노동을 장려하는 등 공리적 동기로 예술이 발생했다고 본다.

㉡ E.그로쎄(Grosse)도 예술이 처음에는 어떤 실제적 목적에 맞도록 제작되어지다가 경제 성장에 따라서 예술가의 창조적 개성에 의해 제작되어진 것이라고 한다.

(2) 원시종교설

예술이 신과의 교섭을 담당한 원시종교의식에서 발생했다는 것으로 특히 한국문학의 발생이 제천의식에 기원을 두고 있다는 것이다.

3) Ballad dance 설

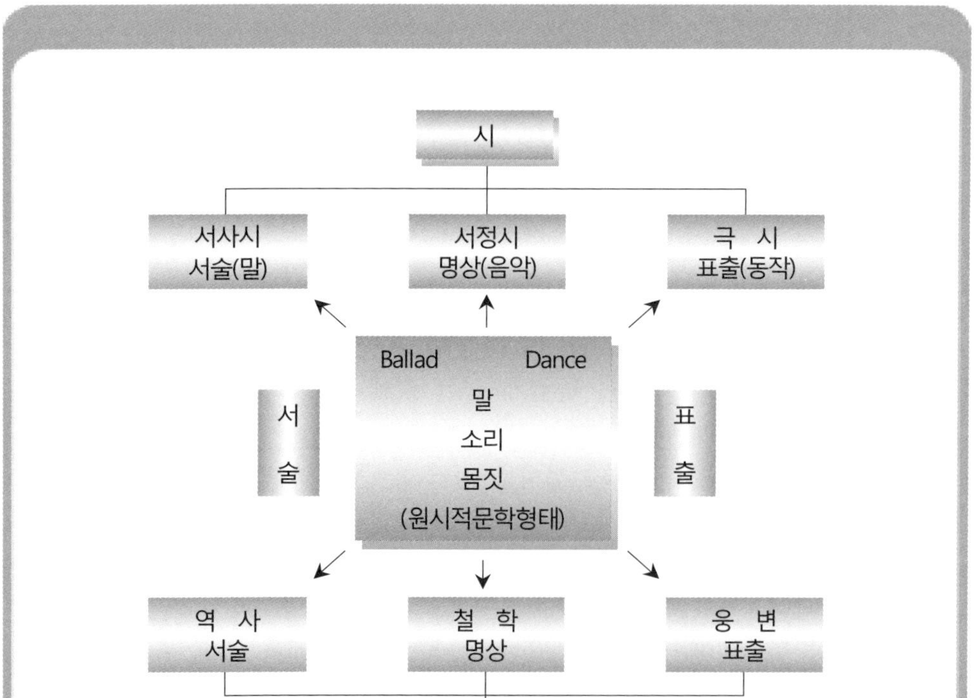

① 원시 종합예술형태(ballad dance)에서 발생한 문학과 예술은 미분화 상태에 있었지만, 몸짓은 무용과 연극으로, 소리는 음악으로, 말은 시(문학)로 분화되고 독립해 간다.

② 문학은 말이 우세한 서사시의 양식, 음악적 소리가 우세한 서정시, 동작이 우세한 극시의 양식으로 발전해가며 서사시는 서술의 형태를, 서정시는 음악의 형태를, 극시는 동작의 형태를 취하게 된다.

③ 이러한 분화과정에서, 구비문학의 단계를 거치면서 기록문학으로 정착하게 된다.

2. 문학의 기능 및 효과

문학쾌락설 : 쾌락적 기능 형식이론 : 미적 구조로서의 문학 — 정화효과

문학교훈설 : 교훈적 기능 도덕이론 : 인지 구조로서의 문학 — 소격효과

1) 문학쾌락설과 정화효과

문학의 일반적 기능이 독자를 즐겁게 하는 것에 있다고 주장하는 것으로서 문학이 개인에게 끼치는 심리적 효용을 강조한다.

① 문학의 심리적 효용은 미와 정서를 자극하는 재미와 쾌락에 있다.

재미는,

㉠ 이야기 줄거리가 아기자기하고 굴곡과 변화가 많아서 이른바 흥미진진한 그런 재미,

㉡ 이야기 줄거리에 모험과 스릴이 많고 아슬아슬해서 손에 땀을 쥐게 하는 그런 재미,

㉢ 이야기 내용이 감동적이어서 등장인물의 일을 독자 자신이 당하는 일과 같이 생각되어서 이야기에 공감과 도취를 느끼는 그런 재미

로 나눌 수 있다.

쾌락은, 감성의 만족과 욕망의 충족에서 오는 유쾌한 감정으로,

㉠ 하등감각에서 오는 관능적 쾌락(sensual pleasure),

㉡ 시각과 청각 등 오감에서 오는 감각적 쾌락(sensuous pleasure) 혹은 미적 쾌락(aesthesic pleasure),

㉢ 이성에서 오는 지적 쾌락(intellectual pleasure)으로 나눌 수 있다.

② 미적 쾌락은,

㉠ 육체적 관능적 쾌락이 아니라 어떤 특정한 가치의 지각에 의한 정신적 관념적 쾌락이다.

㉡ 미적 쾌락은 무관심에서 오는 것이 아니라 비개인적 관심에서 온다,

㉢ 미적 쾌락은 보편적인 것이 아니다,

㉣ 미적 쾌락은 감각적 요소를 사물의 성질로 전환시키는 것이므로 내면적 감정에도 불구하고 사물의 성질로 객관화 된다,

㉤ 미는 쾌락의 객관화를 통해서 구성되는 것이므로 객관화된 쾌락이다.

③ 카타르시스(katarsis)란 원래 소화불량 때 말끔히 씻어 내는 약의 이름으로 정화(purgation)의 의미로 사용된다. 이것은,

㉠ 종교의식 상의 정화작용,

㉡ 육체적으로는 생리상 불순한 요소를 제거하고 배설되어서 야기되는 쾌락,

㉢ 정신적으로는 감정이나 정서의 억압된 상태에서 해방되어서 부수되는 쾌락이다.

④ 카타르시스란, 요약하자면, 감정이나 정서의 억압된 상태에서 해방되는 정화작용(purgation)을 뜻한다.

㉠ 정화작용은 등장인물과 독자 사이의 감정적인 결속을 형성하는 것으로서, 서로 대립되는 감정인 연민(pity)과 공포(fear)에 의해서 실현된다. 연민(pity)이 타인의 고통에 대해서 가지는 강렬한 공감(sympathy)과 동정(compassion)이라면, 공포(fear)는 동정과 분노, 사랑과 미움 등 상반된 감정들이 구체적인 대상도 없이 '자기' 속에서 동시에 일어나는 정서이다.

㉡ 독자에게 있어서, 연민이 선의 덕목을 가지고 있는 등장인물이 비극적 운명을 겪는 것에 대해 가지는 정서라면, 공포는 등장인물이 비극적 결함으로 인해서 겪는 고통에 대해 가지는 정서이다. 이러한 연민과 공포의 정

서를 통해서 독자는 스스로의 판단능력을 등장인물에게 위임해 버리는 수동적 태도를 가지게 된다. 곧 등장인물에 대한 독자의 감정이입(empathy)이 그것이다.

㉢ 감정이입이란 등장인물과 독자 사이에 형성되는 감정적인 유대의식으로서, 독자들은 등장인물에게 일어나는 모든 사건들을 그의 대리자로서 자기 자신에게도 일어난다고 믿는 감정적 일체감을 뜻한다. 독자는 감정이입에 의해서 허구에서 일어나고 있는 사건을 실제 생활의 사건으로, 등장인물의 삶을 자기의 삶으로 일치시켜서 받아들이게 된다. 이러한 감정이입에 의해서 독자들에게 일어나는 현상을 환영(illusion)이라고 한다.

㉣ 환영이란 일반적으로 하나의 예술작품을 관찰하는 사람의 마음 속에서 그 작품에 의해 시발된 심리적 과정을 뜻하는 것이다. 환영이란 독자들에게 사실적인 것과 허구적인 것 사이를 일치시켜서 현실적인 것, 사실적인 것에 대한 착오를 불러일으키는 것이다. 이러한 사실 착오는, 비록 환영이 아무리 강렬하다하더라도 시간의 경과에 따라서 관객들에게 사실이 아니라 환영이라는 것으로 인식될 수밖에 없으므로, 조만간에 수정된다. 이것은 곧, 환영이 '사실착오 → 사실인식'의 과정을 거친다는 것이 아니라 '사실착오 → 사실인식의 혼란'의 과정을 거친다는 것이다. 이러한 환영의 결과, 독자들은 카타르시스를 체험하게 되며, 특히 비극적 구조에서 가장 잘 실현되는 것이다.

2) 문학교훈설과 소외효과

문학이 독자에게 도덕적 윤리적 교훈을 주어야 한다는 이론으로서 공리주의적 기능을 강조하고 있다.

① 문학의 교육적 기능은 플라톤(Ploton)의 시인추방론으로 대표된다.

㉠ 공화국은 정의가 실현되는 이상국으로서 진리를 이념으로 한다.

㉡ 진리는 사물 속에 내재하는 본질적인 것으로 인간의 눈으로 볼 수 있는 현실세계가 아니라 순수한 이성을 통하여 파악할 수 있는 이데아의 세계이다.

㉢ 시는 언제나 보이는 현실세계만을 대상으로 하여 그것을 모방하는 것이

며, 현실세계는 이데아의 그림자이므로 시는 이데아의 그림자의 그림자이다.

㉣ 시인은 이데아의 세계를 실현하는 자가 아니라 이데아의 그림자의 그림자를 모사하는 자임으로 이데아의 세계에서 추방되어야 한다.

㉤ 시를 포함한 문학이 가지고 있는 유일한 효용성은 감정적 쾌락이고 문학의 사회적 효용성도 비이성적 쾌락에 지나지 않으므로 시는 도덕적 교육능력의 기능이 없다.

㉥ 단, 유익한 이야기를 들려 주고 유력한 사람의 말을 모방할 보다 남성다운 시인, 곧 신을 찬미하고 훌륭한 인물을 칭찬하는 시인만이 공화국에서 인정될 수 있다.

② 호라티우스의 문학당의정설도 문학의 교육적 기능을 강조하고 있다.

㉠ 진리라는 쓰디쓴 약을 문학이라는 달콤한 노래에 담아서 제공하는 것이 문학당의정이다.

㉡ 교훈이나 지식을 전달하는 철학은 "쓰디쓴 약"이나 "좋은 약"인 반면, 운문으로 된 문학은 약효는 없으나 쓴 약을 감싸고 있는 당의정이다.

㉢ 철학 속에는 아직도 철학의 맛을 보지 못한 사람들에게 너무도 쓴 내용이 들어 있기 때문에 운문으로 된 쾌적한 꿀을 발라 놓으면 독자의 마음을 끌 수 있고 독자는 건전한 진리와 그 유익성을 섭취할 수 있다.

③ 소외효과란, 정화효과에 대립적인 기능을 수행하고 있는 것으로서, 소원화효과(alienation effect)라고 한다.

㉠ 소외효과는, 미학적 동기에서 보다는 사회학적 동기에서 주창된다. 문학을 비롯한 예술은 궁극적으로 사회체계의 변화를 위해서 이바지해야 하며, 그 효과도 독자들로 하여금 사회변화에 참여하도록 유도하는 것에 있다고 강조한다.

㉡ 이러한 관점에서 본다면 정화효과는 독자들을 현재 진행되고 있는 허구적 내용에 순응하도록 길들이는 것이다. 즉, 카타르시스는 독자들로 하여금 허구에 몰입하도록 함으로써 허구 자체에 대한 비판을 허용하지 않고 수동적 독자로 만드는 것이다. 그 결과 카타르시스는 궁극적으로 정치적인 판단오류에 빠지게 하는 개념이다.

㉢ 소외효과에서 가장 중요시 하는 것은 정치적 효과와 관객들의 태도변화

인 바, 그것들을 가능하게 하는 것은 환영-동일시가 아니라 거리-객관화 기법이다. 거리-객관화 기법은 현실생활에서 관객들과 이미 감정이입 되어 친숙한 것이나 낯익은 것을 의도적으로 감정적인 거리를 두거나 객관화 하여 지각이나 인식의 신선함을 되살리는 기법이다. 즉, 독자들은 현실생활에서 익히 알고 있어서 잊혀져 있거나 없는 것처럼 생각되는 것을 다시 의식하게 만들고 새삼스럽게 분명히 드러내는 기법이다. 따라서 거리-객관화 기법은 이미 관습화 되었거나 자동화 되어 버린 대상을 낯선 것으로 만드는 기법이다.

ⓡ 거리-객관화 기법은 의식의 친숙성, 의식의 자동화를 방해하여 독자들의 비판적 판단을 유도하는 것이다. 독자들은 허구 속에 몰입하는 것이 아니라 작품, 곧 허구에 거리를 두면서 허구적 사실을 객관화 하여 허구는 허구일 뿐, 실제 현실이 아니라는 것을 인식하는 것이다.

3. 문학관의 2 유형과 상호비판

문학 이해방식	존재방식	기능방식
정의	상상적인 허구	위대성
발생	심리학적 기원설	사회학적 기원설
기능	쾌락	교훈
효과	정화효과	소외효과
범주	존재론	모방론 표현론 효용론
이념	예술을 위한 예술	삶을 위한 예술
관계	자율성-불연속성	연관성-연속성
가치	미적 예술적 가치	사회적 정치적 가치
방법	형식주의	역사주의
문학관	형식이론	도덕이론
상호비판	미학적 신비화	선전선동

1) 형식이론

형식이론은 문학을 지식의 전달, 웅변적 설득, 교육적 논증, 역사적 서술을 배제한 상상적 허구로서 받아 들이는 태도이다. 이러한 정의는 문학의 특성을 문학적 언어와 그 미적 기능, 창의성, 허구성, 상상을 준거로 하여 문학과 비문학을 구별하는 것이다. 문학/비문학의 구별에 있어서 이러한 준거들은 유동적이며, 시대에 따라서 그 영역들이 확대 혹은 축소되기도 하므로 이 정의는 문학의 일면적 특성만을 지적하고 있는 것이다.

2) 도덕이론

도덕이론은 문학을 상상적 허구로 받아들이되 문학을 통하여 독자에게 지식 및 정보를 제공하거나 설득하여 그 교육학적 목적을 전달하고자 하는 것이다. 이러한 정의는 문학의 특성을 문학의 사회적 기능, 현실지시성, 교훈성, 독자의 태도변용을 준거로 하여 그 사회적 역할을 강화하는 것이다. 이러한 역할의 강화는 문학과 비문학 간 구별 기준을 쉽게 허물어 버리고 문학과 역사 혹은 물리학을 구별하지도 못하며, 문학전통의 지속성과 장르의 발달, 그리고 문학 자체의 본질에 대한 이해를 불가능하게 만든다.

3) 형식이론 및 도덕이론과 상호비판

형식이론과 도덕이론은 문학이 가져야 할 기본적 특성들 가운데 하나, 미적 가치나 사회적 가치, 예술적 가치나 정치적 가치 등 하나의 가치를 포함하고 있음은 분명하고 그 가치는 대단히 중요함에는 부인할 수 없다. 형식이론은 문학의 내적구조를 대상으로 하여 문학작품에 대한 내재적 접근방식인 반면 도덕이론은 문학의 외적 구조를 대상으로 하여 외재적 접근방식으로 규정지을 수 있다. 그러나 형식이론과 도덕이론은, 후자는 전자를 '미학적 신비화 경향'으로, 전자는 후자를 '선전선동론'으로 상호 비판한다.

미학적 신비화 경향이란 문학사회학적 시각에서 문학예술과 사회와의 분리주의를 고집하는 경향에 대한 비판으로 대두된 것이다. 쟝 뒤비뇨는 이를 다음과 같이 세분화 하고 있다.

① 예술의 본질이 존재한다는 가설- 인간적인 표현의 다양성을 절대정신의 작용이나 모든 세속적 현실과 동떨어진 천상적인 순수관념의 작용으로 돌리는 태도이다.

② 예술의 원시적 기원을 찾아내려는 경향.

③ 모든 예술을 실재 혹은 자연에 종속된 것이라는 생각.

반면 선전선동론은 문학이 선전의 도구라는 비판이다. 선전은 문학이 어떤 정치적 사회적 실제 목적에 봉사해야 한다는, 하고 있다는 것을 주장하는 논자들을 비판하기 위해 사용된 용어이다. 선전문학이란 그 작품이 씌여졌을 당시의 특수한 도덕적, 정치적 문제에 어떤 관점을 갖거나 직접적인 행동을 취하도록 독자를 움직이려는 교훈적인 문학이다. 현실적 효용성만을 극도로 강조하는 선전문학은 사회의 어떤 실질적 변동을 가져오기 위하여 독자를 자극하므로 언제나 도구가 된다.

참고문헌

김요한, 「글쓰기 방식의 새로운 유형과 그 가능성」, 『인문학연구 · 7』, 원광대 인문학연구소, 2006, pp.51~69.

김창원, 「문학 문화의 개념과 문학교육」, 『문학교육학 · 25』, 한국문학교육학회, 2008, pp.513~544.

우한용, 「문학 해체 현상과 문학연구방법론」, 『선청어문 · 31』, 서울대 국어교육과, 2003, pp.5~35.

유봉근, 「하이퍼 텍스트 문학과 작가의 전략」, 『독일문학 · 99』, 한국독어독문학회, 2006, pp.169~187.

윤태진 외, 『문자문화, 구술문화, 영상문화의 진화와 상호작용』, 2004, 정보통신정책연구원, 2004.

이상호, 「문학 확장에 관한 비판적 성찰」, 『한국문예비평연구 · 26』, 한국현대문예비평학회, 2008, pp.369~394.

전정구, 「문학생산과 문학소비 환경의 변화」, 『국어국문학 · 121』, 국어국문학회, 1988, pp.403~418.

조은하, 「매체 환경에 따른 문학의 패러다임 전환」, 『헤세연구 · 13』, 한국헤세학회, 2005, pp.337~369.

천정환, 「새로운 문학연구와 글쓰기를 위한 시론」, 『민족문학사연구 · 26』, 민족문학사학회, 2004, pp.376~410.

Ⅱ. 문학이론의 정의와 범주

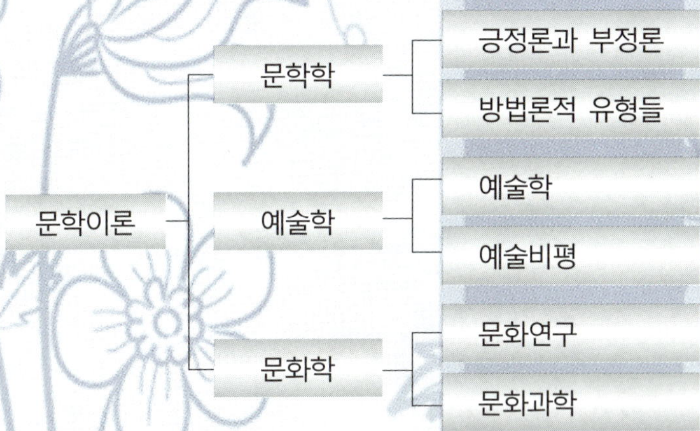

1. 문학연구
2. 예술로서의 문학연구
3. 문화로서의 문학연구

1. 문학 연구

1) 몇 가지 용어들

문학이나 문학작품을 대상으로 감상, 분석, 해석, 평가, 연구하는 것을 총칭하여 문학 연구라고 한다. 이에 관련되는 용어들에는 문학이론, 문학비평, 이론비평, 실제비평 등 다양하다. 그 용어들의 개념과 변별성에는 미묘한 차이는 있지만 대체로 다음과 같은 개념적 정의에 크게 벗어나지 않는다.

문학이론이란 문학의 원리, 정의와 특성, 분류와 범주, 기준(분석, 해석, 평가)에 관한 이론적인 원리에 관한 연구로서 이론비평이라고도 한다.

문학비평이란 문학이론 혹은 이론비평에서 제시한 원리를 기준으로 하여 특정 작가나 특정 작품을 연구하는 것으로서 실제비평 혹은 응용비평이라고도 한다.

2) 문학연구 긍정론과 부정론

문학과 문학연구는, R.웰렉(Wellek)의 지적과 같이, 창조적인 것과 과학적인 것(일종의 지식이나 학문체계)으로 구별된다. 이러한 차이로 인하여 문학이 문학연구의 대상이 될 수 있는지, 창조적인 것을 객관적이고 경험적으로 검증 가능하고 예측할 수 있는 지식으로 체계하 할 수 있는지가 쟁점이 된다. 이에 관하여 문학연구 긍정론과 부정론으로 나누어진다.

문학연구 긍정론은 먼저 문학연구를 창조적 예술을 대상으로 과학적으로 체계화한 지식으로 정의하면서 그 대상으로 문학을 설정하고 있다. 문학연구는 문학에 관한 과학으로 총칭하여 시학이라고 한다. 문학에 관한 과학 – 시학은, 언어에 관한 언어학, 역사에 관한 과학 – 역사학, 자연・신・인간 등에 관한 과학 – 철학, 물질자료(유물과 유적)에 관한 과학 – 고고학, 종교에 관한 과학 – 종교학 등과 같이 인간의 정신이나 인간이 처해 있는 조건을 연구하는 인문학의 하위갈래이다. 아울러 시학은, 미술학, 음악학, 건축학, 무용학 등과 같이 예술의 본질 및 특성과 현상의 원리를 연구하는 예술학의 하위갈래이다. 이에 시학은 인문학, 예술학 뿐만 아니라 사회과학, 자연과학과 협력관계를 맺으면서, 문학의 구조, 성질, 법칙을 탐구하는 이론적 인식 활동 및 그 산물로서의 체계적 이론이며, 문학작품을 객관적 실재로 인식하여 그 본질, 특성, 구조, 가치를 평가하는 것이다. 비평(criticism)의 의미가 분석(analyse)하고 평가(judge)하는 것과 마찬가지로, 시학[1]도 문학(작품)을 분석하고

---

1) 시학 혹은 문학비평을 문학작품의 해석과 평가과정이라고 한다면 그 일반적인 절차는 다음과 같다.

① 기술(description) : 기술이란 과학적 연구의 한 단계로서 사실이나 성찰을 통해서 얻은 자료를 과학에서 인정하는 범위 안에서 기록하는 것이다. 작품을 기술하기 위해서는 작품을 이해하지 않으면 안된다.

② 설명(explanation) : 설명이란 문학연구에 있어서 과학적 인식의 한 단계로서 작품에 대한 기술을 기초로 하여 그 본질을 명확하게 드러내거나 그 속에 실현된 구조 법칙을 드러내는 것이다. 혹은 어떤 대상을 설명한다는 것은 그것을 보는 관점을 확장하여 보다 폭넓은 시각에서 기술함으로써 그 대상의 의미, 기능, 본질 등 내적 일관성을 밝히는 것이다. 작품에 대한 설명은 해설의 형식을 취한다.

③ 이해(understanding) : 이해란 기호의 의미를 파악하는 것이며, 문학의 이해란 문학작품의 구조적 특성과 내용을 파악하는 것이다.

④ 해석(interpretation) : 해석이란 한 편의 완결된 글의 뜻을 알아내고 그것을 다시 정확하게 전달하는 것이다. 어원에서 본다면 해석은, ㉠ 고전의 해설과 주해, ㉡ 번역, ㉢ 문학의 올바른 향유에 의한 지적 재구성, ㉣ 법칙을 특수한 사실에 적응하는 이유에 대한 해명 등으로 쓰인다.

⑤ 분석(analysis) : 분석이란 복잡한 구조를 가지고 있는 사물을 해체하여 그 부분들 또는 요소들을 구별하고 그 성질과 기능 및 상호 간의 관련성, 각 부분의 전체에 관한 관계를 고찰하는 작업이다. 문학작품은 처음에는 막연한 전체로 주어지지만 이것을 분석하여 그 여러 가지 측면이나 요소들을 추출하고 그러한 것들 간의 상호관계를 파악하여 종합함으로써 작품은 인식된다.

⑥ 종합(synthesis) : 분석에 의하여 인식된 제 요소로부터 출발하여 각각의 것을 일반적으로

평가하는 것이다. 시학의 궁극적인 목적은 문학의 가치평가이다.

가치평가에 관련하여 시학은 긍정론과 부정론으로 나누어진다.

가치평가 긍정론은 대부분 비평가들이 비평의 가장 중요한 기능으로 평가적 기능을 받아들이고 있다. 그 대표적인 실례가, 대학에서 문학이론과 문학교육에 널리 영향을 끼친 R.월렉(Wellek)이다. R.월렉(Wellek)은 먼저 문학의 본질, 기능, 가치평가가 필연적인 상호관계를 가지고 있다고 전제한다. 이러한 전제를 설정하고 문학의 본질을 미적 대상으로, 그 기능을 미적 체험의 환기에 둠으로써 그는 문학의 미적 가치를 평가하고자 한다. 문학의 미적 가치평가는 형식주의에서는 수용되지만, 역사주의와 사회문화비평에서는 오히려 문학의 사회적 가치평가를 수용한다.

가치평가 부정론은 N.프라이(Frye)를 비롯한 신화비평 혹은 원형비평에서 적극적으로 수용된다. 그는 비평행위를 인식행위, 곧 문학에 무엇이 있는지를 관찰하는 행위라고 전제한다. 아울러 그 원형이 신화이므로 문학(작품)은 신화의 유기체적인 지속이며 역사적 시간 밖에서 하나의 연속체로 존재하기 때문에, 비평은 그 유기체적인 연속체에 관한 종합적 해석이다. 비평은, 문학에서 영원히 반복되는 신화, 인물, 이미지, 상징, 장면구성의 원형을 기술하는 것이다. 이럴 경우, 가치평가란 극히 개인적인 취향이며, 가치란 언제나 변화하는 유행에 지나지 않는다.

이러한 가치평가 긍정론과 부정론은 작품을 선택한다는 것 자체가 이미 가치평가가 내재해 있다는 것, 작품의 의미 해석과 가치판단을 확실히 분리할 수 없다는 것을 함께 받아들이고 있다.

문학연구 부정론은 유미주의(aestheticism)의 기본 태도이다. 유미주의의 기본 명제는 '예술을 위한 예술', 곧 예술 그 자체를 목적으로 하는 예술에의 사랑이다. 예술은 현실 뿐만 아니라 어떠한 실용성이나 교훈성과는 전혀 무관한 순수한 행위이며, 그 자체의 절대성을 가진 자율적인 것이다. 이에 예술은 단순히 아름다움 그 자체를 목적으로 할 뿐이기 때문에 인간에게 최상의 가치를 가지고 있다. 마찬가지로 최고, 최상의 작품이란 시 그 자체, 그 자체만을 위하여 쓰여진 시이다. 때문에 예술은 과학의 대상이 아니라 감상과 향락의 대상이며, 순수한 관조의 대상이다.

구체적인 것을 추상적으로 끌어 올리는 것을 이른다.

⑦ 평가(evaluation) : 문학 작품의 가치 발견과 판단

미적 쾌락과 관조의 대상으로서 예술을 받아들이는 것은 인상비평, 심미주의비평, 창조적 비평이다.

A.프랑스(France)로 대표되는 인상비평은 모든 이론체계나 가치기준을 거부하면서 비평가의 직접적인 관조에 의한 경험과 인상, 곧 작품에서 받는 인상과 독자의 마음에 일어나는 변화를 기초를 두고 있다. 비평가가 체계화 된 이론과 학술적인 지식을 동원하는 것은 작품에 받은 미적인 쾌락을 사라지게 하기 때문에 예술(작품)을 있는 그대로 바라보고 작품의 아름다움을 순수하게 음미하여 즐거움을 얻어야 한다. 비평은 예술과의 개인적인 접촉에 의해서 생긴 주관적인 인상과 효과를 기술하는 것이다.

W.페이터(Pater)로 대표되는 심미비평은 비평가의 주관적인 심미적 기준에 의하여 예술(작품)을 비평한다. 인상비평이 작품에서 받는 인상과 효과에 집중한다면, 심미비평은 작품 그 자체를 있는 그대로 보기 위한 비평가의 심미안에 집중한다. 작가의 주관에 의해서 자연이나 사물을 수용되기 때문에 예술은 그 원래의 미적인 것을 개성화 한다. 예술이란 자연이나 사물이 가지고 있는 원래의 미적인 가치를 작가의 주관적 개성에 수용한다. 심미비평은 작품이 수용한 작가의 주관적 개성에 의한 미적 가치와 비평가 자신이 가지고 있는 주관적 가치와의 교환이다. 이러한 교환에 있어서 가장 중요한 것은 작품의 미적 가치를 있는 그대로 바라보기 위한 비평가의 취미 혹은 심미안이다. 심미비평은 비평가 개인의 취미에 따른 미적 쾌락의 충족 정도를 평가하는 하는 것이다.

O.와일드(Wilde)의 창조적 비평은 유미주의의 퇴폐적 경향이 그 극에 달한 '세기말'에 주창된다. '세기 말' 예술은 자연과 단절한다.(고전주의에서 예술은 자연의 모방이다.) 그 단절은 예술이 자연과 자연적인 것에서부터 인공과 인공적인 것으로일탈한 것이다. 그 일탈을 통해서, 작가는 인공을 최대한 드러내려는 그로테스트, 자연적 삶에 위배되는 난잡한 성의 추구, 신과 고전 정신을 거부하는 악마와 퇴폐의식 등을 추구한다. 작품은 기괴한 제재를 사용하여 극단적인 성적 탈선, 기성 인습 및 도덕, 사회적 가치에 대한 고의적인 전도, 마약에 의한 지각 등을 다루고 있다. 이러한 작품에서 독자가 얻을 수 있는 최상의 미적 가치는 '모든 감각의 체계적인 교란'이며 퇴폐적인 쾌락이다. 비평가는 독자의 '정열적인 체험'을 방해하는 어떤 이

론이나 지식도 용납하지 않는다. 그 이론이나 지식은 하나의 예술작품을 그보다 못한 다른 예술작품으로 전락시키는 행위에 지나지 않는다. 비평가는 창조를 가지고 예술작품의 모든 부분에까지 스스로의 감각을 침투시켜서 재장착을 행해야 한다. 비평은 비평가의 창조성에 의해서 예술작품을 재창작하는 행위이다. 이런 의미에서 비평은 창조적 비평이다.

3) 문학연구의 유형들

문학연구는 그 기준에 따라서 다양한 유형으로 나누어지는데, 대표적인 사례를 소개하면 다음과 같다.

R.웰렉(Wellek)은 문학작품에 대한 접근태도를 기준으로 하여 예비적 연구(preliminary), 본질적 연구(intrinsic), 비본질적 연구(extrinsic)로 나눈다.

예비적 연구란 문학작품에 관한 증거의 정리와 확정 단계로서 작품의 연대, 진위의 감정, 필자의 확정, 개정과 같은 문제를 해결하는 단계이다. 곧 문학작품의 원본 확정에 관한 원본비평이다.

본질적 연구란 문학작품 그 자체의 해석과 분석, 곧 독특한 미적 목적을 위하여 조직되어 있는 기호들의 완전한 체계 혹은 그 기호들이 구축한 구조를 해석하고 분석하는 것이다. 이러한 연구는 작가의 생애 및 사회적 환경, 작품 창작의 개인적 사회적 과정을 완전히 배제한다.

비본질적 연구란 문학작품 그 자체만을 대상으로 하지 않고 그 작품의 배경, 환경, 외재적인 원인들을 고려하여 해석, 분석하는 것이다. 이러한 연구는 작가의 전기와 심리, 문학작품 창작에 끼친 사회적, 경제적, 정치적 조건, 시대정신이나 동시대 지적 분위기, 지적 풍토 등 관념, 문학과는 다른 종류의 예술 등을 통하여 작품을 해석하고 분석한다.

M.H.에브람즈(Abrams)는 문학비평을 문학작품을 생산한 사회, 작품 그 자체, 작가, 독자와의 관계에 따라서 모방론, 존재론(객관론), 표현론, 효용론으로 나눈다.

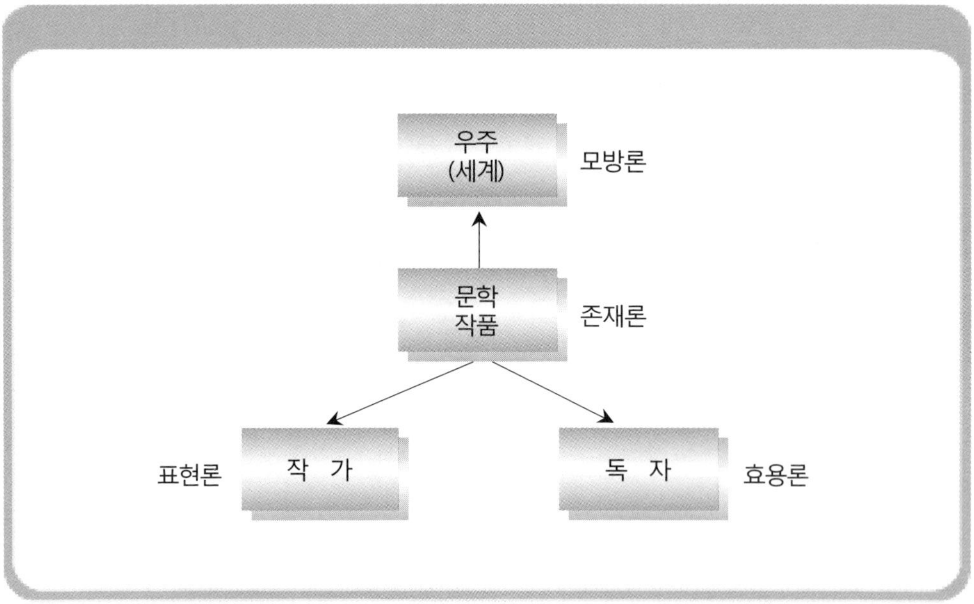

모방론은 문학작품을 인간생활과 세계의 모방, 반영, 재현으로 보면서 그 관계 속에서 모방, 반영, 재현의 진실성으로 평가하는 것이다.

존재론(객관론)은 문학작품을 삶 및 세계, 작가, 독자가 완전히 배제된 자율적인 실체로 보면서 그 언어, 언어적 표현, 구조 등이 가지고 있는 일관성과 복합성의 가치로 평가하는 것이다.

표현론은 문학작품을 작가의 사상 및 감정의 표현으로 보면서 그 관계 속에서 개성과 독창성의 가치로 평가하는 것이다.

효용론은 문학작품을 독자에게 주는 미적 쾌락이나 교훈, 감등 등으로 보면서 그 관계 속에서 쾌락이나 교훈의 가치로 평가하는 것이다.

R.셀든(Shelden)은 R.야콥슨(Jacobson)의 언어전달과정[2]을 기반으로 하여 문학

---

2) R.야콥슨(Jacobson)의 언어전달과정은 발신자와 수신자 간의 언어소통과정을 도식화 한 것이다. 발신자는 메시지를 수신자에게 보낸다. 발신자와 수신자 간에 놓여 있는 문맥은 수신자가 포착할 수 있어야 하며 언어형식이라든지 언어화 할 수 있는 것이어야 메시지가 발동한다. 약호는 발신자와 수신자에게 적어도 완전하게 아니면 부분적으로 공통적인 것이어야 한다. 접촉은 발신자와 수신자가 물리적 회로 및 심리적 연결이 되는 것으로서 의사전달을 개시하고

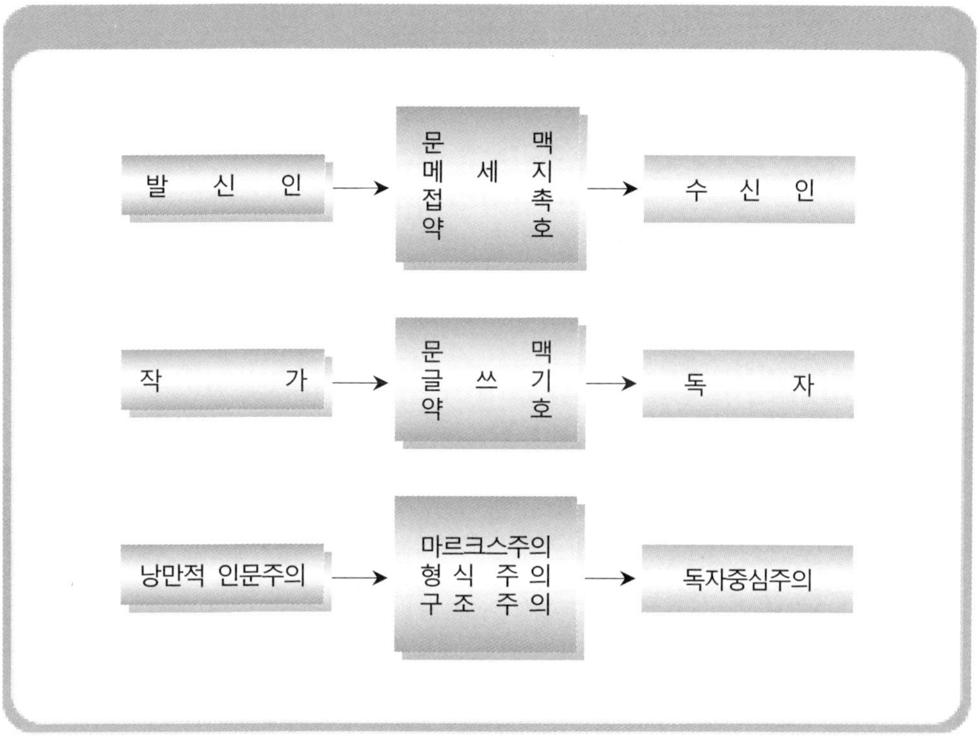

비평을 낭만주의적 인문주의, 마르크스주의/형식주의/구조주의, 독자중심주의로 나눈다.

낭만주의적 인문주의는 작가와 그의 정서적, 표현적 언어의 사용에 관심을 두면서 그의 삶과 작품에 표현된 정신에 집중한다.

마르크스주의는 언어의 지시적 사용에 관심을 두면서 작품이 생산된 사회적 역사적 문맥에 집중한다.

형식주의는 시적, 사교적 언어의 사용에 관심을 두면서 글쓰기 그 자체에 집중한

지속할 수 있게 하는 것이다. 이에 관해서는 본 저서의 「제 4장 Ⅰ-2) 언어기호와 언어학적 의사소통」에서 상론할 것임.

R.야콥슨, 「언어학과 시학」, 『문학 속의 언어학』, 신문수 편역, 문학과 지성사, 1989, pp.50~91.

다.(글쓰기는 메세지와 접촉의 결합이며 이때 접촉은 문학에서는 일반적으로 활자화 된 단어이다.)

구조주의는 메타언어적 사용에 관심을 두면서 약호에 집중한다.

독자중심주의는 내포적 언어의 사용에 관심을 두면서 독자가 수용한 작품의 가치나 감동에 집중한다.

이 밖에도 문학비평의 유형은 다양하게 분류되고 있지만 일반적으로 예비적 접근으로서 원본비평, 내재적 접근으로서 형식주의(미국 신비평, 러시아 형식주의), 체코 기호학, 프랑스 구조주의 및 후기구조주의, 해체주의, 외재적 접근으로서 전기비평, 역사주의, 사회문화주의 그리고 수용미학 및 독자반응비평 등으로 분류할 수 있다.

덧붙인다면 문학을 대상으로 하는 것이 아니라 문학비평 그 자체를 대상으로 하는 비평의 비평, 혹은 메타비평도 지나칠 수 없다.

참고문헌

김병욱, 「문예비평에 있어서의 가치평가」, 『아카데미논총 · 3-1』, 1975, pp.105~118.
이상섭, 『문학이론의 역사적 전개』, 연세대학교 출판부, 2002.

R. Jachobson, 『문학 속의 언어학』, 신문수 편역, 문학과 지성사, 1989.
A. Hauser, 『문학과 예술의 사회사4』, 백낙청 염무웅 공역, 창작과 비평사, 2002.
R. Sheiden 외, 『현대문학이론개관』, 정정호 외 역, 한신문화사, 1998.
R. Wellek, A.Warren, 『문학의 이론』, 김병철 역, 을유문화사, 1988.
M. H. Abrams, *A Glossary of Literary Terms*, Wadsworth Cengage Learning, 2009.

2. 예술로서의 문학 연구

1) 예술학

예술로서의 문학에 관한 연구는 예술학을 상위의 기초학으로 하고 있다. 예술학은 예술 일반의 이론적 역사적 연구로 예술의 기원, 기능, 종류, 작품 그 자체, 창작 및 수용을 다루는 것이다. 이러한 예술학의 영역에서 가장 중요한 문제는 예술의 본질에 관한 규정이다.

예술이란 무엇인가라는 질문은 그 언어 Art 혹은 Kunst의 어원에서 찾아진다. 그리스어 'τεχνη techné'(인공적인 것), 라틴어 'Ars'(조립하다)를 어원으로 하고 있는 Art는 (인위적인) 기술(technique)의 의미를 담고 있다. 이런 의미에서 예술은 미 혹은 미적 가치가 인위적인 기술에 의해서 실현된 것이다. 이때, 예술가는 미적 기술자, 예술은 미적 기술에 의해 창조된 예술미[1]이다. 예술가의 주관적인 창조작용, 예술의 객관적인 존재에 의해서 예술의 본질이 규정된다.

예술가의 주관적인 창조작용은 예술의 표현문제이다. 그 문제의 쟁점은 예술이

1) 예술미는 자연미와 함께 미의 2 영역이다. 곧 미는 자연미와 예술미, 미적 대상은 미적 자연대상과 예술작품으로 나눈다. 예술미란 미가 예술작품에 가장 순수하고 고도로 실현된 것이며, 예술이란 미의 전형적인 형태이다. 이에 따라서 예술작품이나 예술로서의 문학작품에서도 그 미적 범주를 M.데소와르는 자아와 대상, 주관과 객관 간의 관계에 의해서, 조동일은 '있는 것'(현실)과 '있어야 할 것'(이상) 간의 융합/상반 관계에 의해서 나눈다.

자연이나 현실의 모방이냐 주관적인 감정의 표출이냐 하는 것이다. 이러한 쟁점은 예술적 표현을 모방과 감정표출을 동시에 가진 창조적 표현형식으로 규정하는 것으로 합의된다.

예술의 객관적인 존재는 작품의 본질문제이다. 그 문제의 쟁점은 형식이냐, 내용이냐, 형식과 내용의 결합이냐 하는 것이다. 이러한 쟁점은 예술작품을 형식과 내용이 결합된 유기적 전체로 규정하는 것으로 합의된다.

2) 문예학

예술의 본질에 관한 규정은, 예술학의 특수한 영역인 문예학[2]에서 유용하다. 문

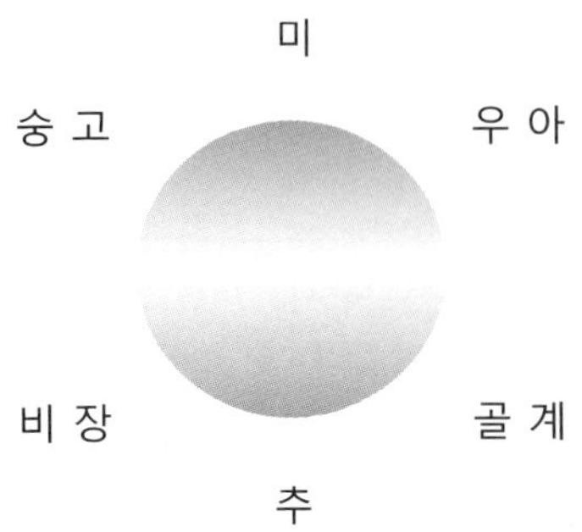

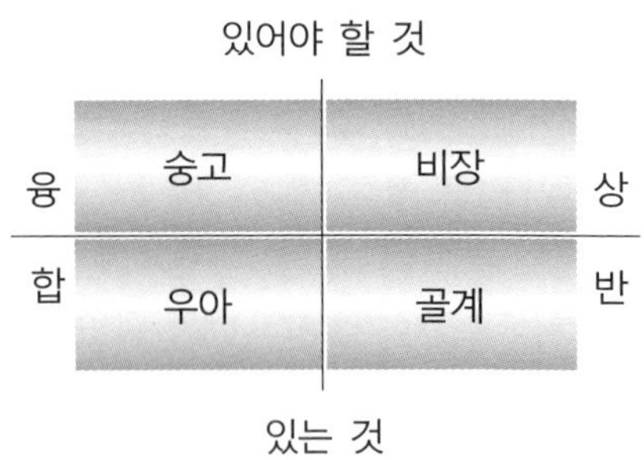

숭고미는 우월한 위치에 있는 객관이 절대적이고 무형식 무한계성을 드러내고 주관이 스스로 주체를 높여가는 것이며, '있어야 할 것'에 의해서 '있는 것'과의 융합을 이룬다.
우아미는 우월한 위치에 있는 주관이 객관과의 완전한 조화를 이루며, '있는 것'에 의한 '있어야 할 것'과의 융합을 이룬다.
비장미는 우월한 위치에 있는 객관에 의해서 주관의 적극적인 가치가 침해되고 소멸되는것이며, 서로 상반관계에 있으면서 '있어야 할 것'을 긍정하고 '있는 것'을 부정하는 것이다.
골계미는 우월한 위치에 있는 주관이 객관을 유희적 태도에 의해서 부정하는 것이며, '있어야 할 것'을 부정하고 '있는 것'을 긍정하는 것이다.
조동일, 「한국문학의 양상과 미적 범주」, 『한국문학 이해의 길잡이』, 집문당, 1996, pp.95~144.
편집부 엮음, 「미적 범주」, 『미학사전』, 논장, 1988, pp.383~406.

2) 문예학은, 음악학, 미술학, 무용학, 연극학 등과 같이 예술학의 하위갈래이다. 예술학을 광의

예학은, 예술학의 정의에서와 마찬가지로, 문학 일반의 이론적 역사적 연구로, 문학의 기원, 기능, 종류, 작품 그 자체, 창작 및 수용을 다루는 것이다. 이러한 문예학에서도 가장 중요한 문제는 문학의 본질 규정이다. 예술학의 논의를 빌린다면 문학은, 모방과 감정표출을 동시에 가진 창조적 표현형식이며, 형식과 내용이 결합된 유기적 전체이다. 유기적 전체로서의 예술은 형식과 내용의 결합체인 반면, 그 예술의 하위갈래- 문학, 음악, 미술, 무용, 연극 등을 구별하는 것은 형식과 내용이 아니라 질료이다. 따라서 유기적 전체로서의 문학은 질료, 형식, 내용이 결합된 것이다.

문학의 예술적 연구는 질료, 형식, 내용 그리고 그것들의 유기적 결합에 관한 연구이다.

질료 연구는 언어와 체험에 관한 연구이다.

형식 연구는 형식이 가지는 미학과 사회학에 관한 연구이다.

내용 연구는 표현된 내용과 그것을 작동시키는 형식 및 담고 있는 매체에 관한 연구이다.

형식과 내용의 유기적 결합에 관한 연구는 그 결합방식 및 전략, 결합의 구조와 그 구조요소들의 층위 등에 관한 연구이다.

물론 이러한 연구로서 물론 문학의 예술적 연구, 예술로서의 문학에 관한 연구가 완결되는 것은 아니다.

예술을 인간의 개인적, 사회적 혹은 정신적, 현실적 생활 전반과 밀접한 연관을 가지고 있으면서도 삶과 현실을 초월하거나 일탈한 존재로 볼 경우, 예술 뿐만 아니라 예술로서의 문학은 그 자체 문화의 한 영역 또는 문화가치의 한 형태로 보는 문화연구로 나아간다.

의 개념으로서 일반 예술학과 협의의 개념으로서 특수 예술학으로 나눈다면 문예학은 예술학을 상위로 하고 있는 특수 예술학이다. 특수 예술학으로서의 문예학은 독일어문화권에서 사용하고 있는 문예학(Literaturwissenschaft)과 다르다. 영미계통에는 존재하지 않는 문예학은 문학에 관한 모든 체계적인 학문으로서 참된 문학작품을 중심 대상으로 하여 작품의 생성, 자료, 창작과정, 영향, 문예사조 및 시대적 의미, 작가 등을 대상으로 하고 있다. 예술학이란 용어는 E.그로세(Grosse)의 『예술학연구』(1900)에서, 일반 예술학과 특수 예술학이란 용어는 M.데소아(Dessoir)가『미학과 일반 예술학』(1906)에서, 독일어문화권의 문예학은 T.문트(Mundt)이 『현대문학사시실』(1842)에서 사용하고 있다.

이유영, 『독일문예학개론』, 삼영사, 1979.

참고문헌

김채수, 「예술로서의 문학 연구와 문화로서의 문학연구」, 『일어일문학 · 11』, 대한일어일문학회, 1995, pp.219~247.

민주식, 「근대 예술학의 정초」, 『미학예술학연구 · 26』, 한국미학예술학회, 2007, pp.347~376.

민주식, 「막스 데소와에서의 일반 예술학의 이념」, 『미학 · 47』, 한국미학회, 2005, pp.77~103.

백기수, 「미학의 기초 개념(2)」, 『미학 · 2』, 한국미학회, 1972, pp.231~245.

이유영, 『독일문예학개론』, 삼영사, 1979.

조동일, 「한국문학의 양상과 미적 범주」, 『한국문학 이해의 길잡이』, 집문당, 1996, pp.95~144.

편집부 엮음, 「미적 범주」, 『미학사전』, 논장, 1988, pp.383~406.

3. 문화로서의 문학 연구

1) 문화의 정의

문화로서의 문학 연구는 문화학 혹은 문화과학[1]을 상위의 기초이론으로 두고 있다. 문화학 혹은 문화과학의 대상은 문화이며, 널리 일반화 된 정의는 다음과 같다.

첫째, 문화란 지적, 정신적, 심미적 능력을 계발하는 과정이다. 그 영역은 위대한 철학자, 문화예술가, 작가(시인)들이 그들의 작품에서 담아내고 있는 지적, 정신적, 미적 가치들이다. 그 생산자들은 소수의 교양있는 식자층이고, 문화는 인간 경험의 높은 가치를 담고 있는 것이며, 그 소비자들은 수동적 소비군중이다.

---

1) 문화학 혹은 문화과학은 스스로 문화연구와 구별한다. 문화연구가 맑시즘적 시각에서 대중문화를 대상으로 한정한다고 비판하면서 문화학 혹은 문화과학은 전통적인 인문학의 틀 속에서 문화를 대상으로 한다. 반면 문화학 혹은 문화과학이 인간에 의해서 만들어진 개별적인 문화 그 자체의 사건에만 관심을 갖는다고 비판하면서 문화연구는 그 개별적인 문화 생산의 사회적 과정을 대상으로 하는 것이므로 스스로 문화사회학이라고 규정짓는다. 사실상, 문화과학이란 말은 H.리케르트(Rickert)에 의해서 만들어진 용어이다. 자연과학과 정신과학이라는 과학의 일반적인 분류를 반대하면서 그는 자연과학과 문화과학으로 분류한다. 자연과학이 개별적인 것을 수단으로 하여 보편적인 법칙을 정립하려고 한다면 문화과학은 보편적인 법칙을 부정하고 개별적인 것의 인식을 지향한다. 문화과학은 그 개별성을 진, 선, 미, 행복, 성스러움 등과 같은 문화가치에 관련시켜서 기술하는 것이다.
『철학사전』, 중원문화, 1987, p.182, p.232, p.311.
박순영, 「리케르트의 문화화학 방법론(1)」, 『철학논집 · 1』, 한양대학교 철학회, 1989, pp. 251~288.
이기식, 「문학연구와 문화연구」, 『독일문학 · 92』, 한국독어독문학회, 2004, pp.295~313.

둘째, 문화란 한 인간이나 한 집단, 혹은 한 시대의 특정한 생활방식이다. 그 영역은 첫째의 것뿐만 아니라 예컨대 휴가, 축제, 놀이 등 같이 '살아 있는 문화' 혹은 문화적 실천행위도 포함한다. 그 생산자는 문화적 생산을 가능하게 하는 사회구성체이고, 문화는 평범한 사람들의 살아 있는 경험이며, 소비자는 문화적 실천을 하는 능동적인 특정집단이나 계급, 계층이다.

셋째, 문화란 지적 산물이나 지적 행위, 특히 예술활동을 일컫는다. 그 영역은 TV프로그램, 일일 연속극, 팝뮤직, 만화, 영화, 문학, 책 등 독자적인 미디어 형태로서 의미를 생산하는 텍스트나 의미를 나타내는 실천행위, 곧 문화적 행위이다. 텍스트는 생산자의 의도를 그대로 나타내는 매체가 아니며 독자(소비자)의 독서과정에 의해서 일시적인 통일성을 가진다. 이에 생산자와 소비자는 제외되고 오직 텍스트는 그 자체로서만 존재한다. 그 자체로 존재하는 텍스트는 독창적인 것도 아니며, '수많은 문화의 근원에서부터 끌어 온 인용구들의 조직'일 뿐이다.

2) 문화연구

문화를 대상으로 하는 방법론은 문화연구(Cultural Studies)에서 시작된다.

문화연구란 R.호가트(Hogart)가 영국 버밍검대학 현대문화연구소를 설립(1964)하면서, 함께 활동한 R.윌리암즈(Williams), E.P.톰슨(Thompson), S.홀(Hall), P.화넬(Whannel) 등이 제창한 문화주의에서 시작된다. 문화주의란 문화의 수동적 소비보다는 능동적 생산과 이를 가능하게 한 인간의 집단적 작용에 초점을 둔다. 그 초점은 노동계급을 중심으로 한 대중문화이며, 이를 대상으로 개인주의적 과정이 아니라 사회적 집단적 과정을 분석하는 것이다. 그 사회적 집단적 성격의 분석을 통하여 상업적 부르주아가 대중문화를 노동계급의 도덕적 타락으로 규정하면서 생산 및 분배를 주도하고 있을 뿐이며, 노동계급에게 제공되는 문화 그 자체가 이미 도덕성을 상실하고 있다는 것이다. 이에 노동계급의 대중문화는 노동계급의 살아 있는 경험으로서 집단주의 사상에 기반한 생활방식과 사고방식을 보여 주면서 대중 속에서 실패한 것이 아니라 작동하고 있다는 것이다. 마찬가지로 대중예술이나 대중문학도 대중의 특정한 삶의 방식을 표현한 것으로서 이미 양식화 된 예술이나 문학이다. 이런 의미에서 대중문화, 대중예술, 대중문학은 서로 다른 문화행위가 아니라 똑같은 인간의 활동일 뿐이다.

이러한 문화연구로의 전환은 후기 산업사회 및 그 시기의 문화적 특성에 의해서 일어난 것이다.

문화연구는, 후기 산업사회 자본가와 노동자의 계급갈등에 관심을 집중한다. 그 관심은, 노동계급(및 대중문화)과 자본계급(및 부르주아문화), 문화와 정치, 이데올로기와 생활양식 등을 새로운 마르크스주의(신좌파)적인 시각으로 재해석하는 것이다. 이에 문화연구는 노동자계급, 대중, 여성 등 하위주체와 그 문화적 정체성에 새로운 해석을 통하여 탈식민주의 연구까지 나아간다.

다음, 문화연구는 자본을 매개로 하여 상품화, 산업화 되는 문화에 관심을 집중한다. 그 관심은, 문화의 하위텍스트, 곧 모든 문학예술 텍스트들이 그 자체로 존재하는 자율적인 독립체가 여러 텍스트들이 서로 겹겹이 뒤섞여 있는 상호텍스트로 재해석하는 것이다. 이러한 상호텍스트성으로 인하여 하나의 텍스트는 다양한 텍스트로 재구성되며, 자본을 매개로 하여 하나의 문화텍스트는 다양한 문화텍스트(One sourse Multi Use)로 상품화, 산업화 하는 것이다. 이에 문화연구는 문화산업 연구까지 나아간다.

이와 같이 문화연구는 후기산업사회와 그 문화적 특성으로 인하여 사회학, 정치학, 경제학, 인류학 등과 결합하여 하나의 연구방법론으로 자리매김을 하게 된다.

3) 문화로서의 문학연구

특정한 삶의 방식을 표현하는 인간의 활동을 연구하는 문화연구는 문학을 대상으로 하여 문학적 생산과 실천의 사회적 과정[2]에 관심을 가지는 바, 다음과 같다.

---

2) 문화연구가 문학적 생산과 실천의 사회적 과정에서 가장 중요하게 다루는 사항은 이데올로기

첫째, 문학 생산과 재생산 - 생산 및 재생산의 제도, 생산자들의 구성체, 생산수단의 사회적 관계, 조직체와 매체 등 문학의 사회적 조건에 대한 분석

둘째, 문학 형식과 구조 - 문화적 의미를 생산하는 문학 형식 및 구조와 사회적 관계를 중심으로 한 문학작품 속의 사회적 질료와 사회적 관계에 대한 분석.

셋째, 문학 내용과 효과 - 문학작품 속에 명시되거나 그렇지 않는 문학의 이데올로기에 대한 분석.

국문학계에서는 문화연구를 수용하면서 문화론적 연구[3], 문학인류학[4]를 비롯하

이다. 이에 관련하여 몇 가지 개념을 정리하면 다음과 같다.
생산, 재생산은 함께 논의되어야 할 개념들이다. 생산은 원래 물질적 생산이며 재생산은 그 생산된 물질의 대량 복제를 뜻한다. 이것들을 문화의 시각에서 본다면 문화적 생산 및 재생산은 단순히 문화(작품)의 생산과 그것의 대량 복제를 뜻한다. 이때, 생산 및 재생산은 생산자들의 의지가 아니라 사회적 방해를 받는 바, 검열제도를 비롯한 통제제도, 수요 및 공급과 이윤의 창출 및 수지 타산을 기준으로 하는 시장제도, 생산 및 재생산의 새로운 방식(예컨대 OMU)이 그것이다.
제도란, 예컨대 정치제도, 사회제도, 경제제도, 법률제도, 교육제도, 가족제도 등과 같이 인간의 관계를 특정한 목적 아래 규정하는 조직이다. 문학생산자들은 이러한 제도와 가변적인 관계, 예컨대 특정한 정치제도를 옹호/비판하는 관계를 맺고 있다.
구성체란 계급, 성별, 인종 뿐만 아니라 특정 관점이나 가치 혹은 태도를 상호연관을 맺고 행위의 준거로 사용하고 특정한 집단이다. 문학 생산자들의 구성체란, 학파, 협회, 문예유파, 문예사조, 문예운동 등과 같은 적극적 혹은 소극적, 긍정적 혹은 부정적 관계를 맺은 가변적인 조직이다.
이데올로기란 특정 사회집단이나 계급 혹은 계층에서 지닌 정형적 의식적 신념이나 특징적인 세계관을 뜻한다. 특정 집단, 계급, 계층의 사상, 행동, 생활방식을 규정하고 제약하며 자기 집단의 기준이 되는 특정한 사상과 신념체계이다. 이러한 이데올로기는 특정 문화에 의해서 창출될 뿐만 아니라 모든 문화적 생산 및 실천의 사회적 과정에서도 창출된다.

3) 문화론적 연구는 R.윌리암즈를 중심으로 한 문화주의의 문화연구를 국문학으로 도입하여 만든 용어이다. (국)문학의 문화론적 연구는 근대성의 논의에서 출발한다. 그 논의의 초점은 문학, 미술, 음악, 종교, 사회, 문화 등과 같은 근대적 개념의 제도적 형성과정에 대한 것이며, 근대성에 관한 추상화된 이념이 아니라 인간의 실천적 경험과 조건을 사회역사적 맥락으로 재구성하는 것이다. 이러한 문화론적 연구는 근대성의 미시적 영역과 문화적 표상에 초점을 둠으로써 도시, 패션, 금광, 다방, 여학생, 백화점, 전화, 질병, 연애, 사랑 등등 다양한 주제를 다루고 있다. 이에 문화론적 연구는 특정한 주제를 하나의 작품이나 동일하거나 유사한 문학적 경향의 작품들이나 작가들이 아니라 사회적 담론과 문학텍스트들, 서로 다르거나 대립되는 문학적 경향의 텍스트들을 대상으로 하여 연구하는 것이다. 그 연구의 흐름과 성과를, ① 근대문학의 기원에 관한 연구, ② 근대성의 경험적 영역 연구 혹은 일상적, 풍속적, 미시적 차원에서의 근대적 경험 연구, ③ 근대적 이념과 경험을 매개하고 분절하는 문화적 표상들에 대한 연구, ④ 근대 문학제도 연구 등으로 요약, 정리할 수 있다.
김동식, 「풍속 · 문화 · 문학사」, 『민족문학사연구 · 19』, 민족문학사학회, 2001, pp.71~105.

여 다양한 방법론으로 문화로서의 문학 연구를 체계화 하고자 한다.

정찬영, 「문화론적 시각에서 본 소설읽기의 경향과 전망」, 『현대문학이론연구 · 25』, 현대문학이론학회, 2005, pp.49~66.

조성면, 「새로운 한국문학 연구를 위한 도전으로서의 문화론」, 『민족문학사연구 · 18』, 민족문학사학회, 2001, pp.41~60.

천정환, 「새로운 문학연구와 글쓰기를 위한 시론」, 『민족문학사연구 · 26』, 민족문학사학회, 2004, pp.376~410.

______, 「'문화론적 연구'의 현실인식과 전망」, 『상허학보 · 19』, 상허학회, 2007, pp.11~48.

4) 문학인류학은 문학을 인류학적 방법론으로 연구하는 것이며 문학연구방법론과 인류학적 연구방법론 간의 학제적인 연구를 지칭한다. 그 출발은 J.프레이저(Frazer)를 비롯한 제의학파의 영향을 받은 신화비평이다. 신화를 원형으로 하고 있는 문학이 인류의 문화적 가치를 담고 있는 초역사적 산물이므로, 신화비평은 인간의 본성 및 조건에 대한 총체적 이해를 목적으로 한다. 이를 위해서 신화비평은 '인간은 작품이다', '작가는 작품의 도구이다'라는 전제 아래서 작품의 보편적 가치를 총체적인 문화의 맥락 속에서 살펴본다. 이러한 신화비평은 모든 문학작품을 신화의 구조적 실현으로 보기 때문에 서로 다른 문화적 차이에 다양한 문학작품을 단순화, 도식화 하는 위험이 있다.

이에 반해서 문학인류학은 문학을 문화체계의 한 부분으로, 문학작품을 문화적 차이에 따른 다양한 형식이면서 서로 다른 의미를 지니고 있는 텍스트로 본다. 이러한 문학텍스트를 대상으로 하여 문화적 요소를 추출하고 이를 토대로 하여 그 문화권 속에 존재하는 인간의 행위유형 및 그 특성을 밝혀내고자 한다. 이를 위해서 문학인류학이 문학에서 얻을 수 있는 문화적 자료는 감성적인 것과 지성적인 것이다. 감성적인 자료로서는 언어, 문화특징적인 동작(예절, 몸짓, 자세 등), 객관적 환경자료(의복, 도구, 가구, 풍경 등), 시공간의 개념 및 이용, 인간과 동물의 관계 등이 있으며, 지성적인 자료로서는 의례, 행사, 도덕적 가치, 종교적 사고, 예술 등이 있다. 이러한 자료들을 통하여 문학인류학이 제시하고 있는 패러다임은 다음과 같다. ① 문학인류학은 문학이 아니라 인류학의 한 분야이다. ② 문학인류학의 목적은 문학의 분석을 통하여 인류학적인 자료- 사회적 에토스를 찾으려는 것이다. ③ 문학인류학의 조사 영역을 결정하는 단위는 문학이나 문학의 장르가 아니라 사회적 단위, 곧 에토스이다. ④ 문학인류학은 문학을 자율적인 것이 아니라 사회적 사실로 여기는 맥락 속에서 접근한다. ⑤ 문학인류학에서 문학은 모든 종류의 문자로 쓰여진 텍스트들, 곧 인류학적 자료를 위해서 분석되어져야 하는 표현적, 서술적, 활동적, 미학적 텍스트이며, 모든 문학 문화는 어떤 종류의 문자로 쓰여진 텍스트를 생산한다. ⑥ 문학인류학에 적합한 작품은 현실생활 및 그 사람들의 세계에 대한 서술과 관련된 것으로서, 텍스트 생산자, 텍스트 수용자, 지시적 세계라는 텍스트 외적 요인들이 초점이 된 작품이다. ⑦ 문학인류학은 문화 간의 비교를 위해서 무문자사회는 문어적 텍스트를 생산하지 않는 것을, 문자사회는 문어적 전통과 구어적 전통을 유지하고 있는 것을 고려해야 한다. ⑧ 문학인류학은 사회적 에토스에 관한 문화적 지식을 발견하기 위해서 언어적 텍스트를 문화텍스트의 한 양상임을 고려해야 하며, 문화적 지식은 그 밖이 문화텍스트들 속에 축적된다. ⑨ 문학인류학은 문학을 한 민족의 문화적 지식에 이르는 수많은 접근방식의 하나라는 사실로 인정해야 한다.

참고문헌

『철학사전』, 중원문화, 1987, p.182, p.232, p.311.

김동식, 「풍속 · 문화 · 문학사」, 『민족문학사연구 · 19』, 민족문학사학회, 2001, pp.71~105.

김열규, 「인류학과 문학- 인류학적 문학론을 중심으로」, 『한국문화인류학 · 11』, 한국인류문화학회, 1979, pp.49~56.

김임구, 「르네 지라르의 문화인류학과 문학비평의 가능성」, 『괴테연구 · 13』, 한국괴테학회, 2001, pp.371~404.

박순영, 「리케르트의 문학 방법론(1)」, 『철학논집 · 1』, 한양대학교 철학회, 1989, pp.251~288.

배경열, 「문학비평과 문화연구과의 관계 고찰」, 『현대문학이론연구 · 20』, 현대문학이론학회, 2003, pp.227~248.

송효섭, 「문학연구의 문화론적 지평」, 『현대문학이론연구 · 27』, 현대문학이론학회, 2006, pp.5~22.

우한용, 「문학해체 현상과 문학연구방법론- 문학인류학을 제안함」, 『선청어문 · 31』, 서울대학교 국어교육과, 2003, pp.5~35.

이기식, 「문학연구와 문화연구」, 『독일문학 · 92』, 한국독어독문학회, 2004, pp.295~313.

이기욱, 「문학인류학- 문학텍스트의 문화론」, 『영어영문학 · 37-3』, 한국영어영문학회, 1991, pp.651~666.

이은애, 「문화로 만나는 역사와 문학」, 『한국문예비평연구 · 25』, 한국현대문예비평학회, 2008, pp.417~438.

정찬영, 「문화론적 시각에서 본 소설읽기의 경향과 전망」, 『현대문학이론연구 · 25』, 현

이러한 문학인류학을 문학, 문학제도, 문학인식의 변화에 의해서 탈문학화 현상이 일어나는 한국 현대문학 및 문학교육계에 도입하고자 하는 탐색이 지속되고 있다.

김열규, 「인류학과 문학- 인류학적 문학론을 중심으로」, 『한국문화인류학 · 11』, 한국인류문화학회, 1979, pp.49~56.

김임구, 「르네 지라르의 문화인류학과 문학비평의 가능성」, 『괴테연구 · 13』, 한국괴테학회, 2001, pp.371~404.

우한용, 「문학해체 현상과 문학연구방법론- 문학인류학을 제안함」, 『선청어문 · 31』, 서울대학교 국어교육과, 2003, pp.5~35.

이기욱, 「문학인류학- 문학텍스트의 문화론」, 『영어영문학 · 37-3』, 한국영어영문학회, 1991, pp.651~666.

대문학이론학회, 2005, pp.49~66.
조성면,「새로운 한국문학 연구를 위한 도전으로서의 문화론」,『민족문학사연구 · 18』, 민족문학사학회, 2001, pp.41~60.
천정환,「새로운 문학연구와 글쓰기를 위한 시론」,『민족문학사연구 · 26』, 민족문학사학회, 2004, pp.376~410.
______,「'문화론적 연구'의 현실인식과 전망」,『상허학보 · 19』, 상허학회, 2007, pp. 11~48.

J.Storey,「문화주의」,『대중문화와 문화연구』, 박만준 역, 경문사, 2005, pp.51~80.
R.Williams,「문화사회학 서설」,『문화사회학』, 설준규 · 송승철 공역, 까치, 1984, pp. 7~32.

Ⅲ. 문학텍스트의 예비적 접근

1. 몇 가지 용어들
2. 원본비평
3. 실증주의

1. 몇 가지 용어들

1) 작품과 텍스트

문학연구의 대상이 되는 가장 구체적인 실체는 작품과 텍스트이다. 작품이란, R. 웰렉(Wellek)에 의하면, 개성적이면서 일반적인 특성을 가진 구체적인 예술적 문학작품(literary work of arts)이다. 이러한 '예술적인 작품'은 전통적이며 정전적 특성으로 '닫혀진' 문학작품이다. 곧 작품이란 '문학작품'의 틀 속에 '갇힌, 닫힌' 텍스트이며, 자족적인 텍스트이다.

텍스트는 기호학적 용어로 시작되면서 현대 과학에 널리 일반화된 용어[1]이다. 기

---

1) 텍스트라는 용어는 현대에 널리 일반화 되어서 그 개념을 규정하는 것이 혼란스러울 만큼 다양하다. 국어사전에서 텍스트란 ① 주석, 번역, 서문 및 부록 따위에 대한 본문이나 원문, 혹은 원전(原典)으로 ② 문장보다 더 큰 문법 단위, 문장이 모여서 이루어진 한 덩어리의 글을 뜻한다.
텍스트 언어학에서, 텍스트란 현실적 시간 안에서 의사전달을 목적으로 한 소통행위 속에서 실현되는 언술의 단위이다.
IT용어사전에서 텍스트란 ① 문서 데이터 또는 텍스트, 즉 인간이 이해할 수 있는 2차원 형태로 출력 매체 상에 표현되는 정보, 종이 위에 인쇄되거나 표시 화면상에 표시되는 정보, ② 상대방에게 의미를 전달하는 것을 목적으로 하는 데이터로서 문자, 기호, 단어, 구, 문장, 다이어그램, 도표 등 자연 언어나 인공 언어 문자 배열 형태의 데이터, ③ 본문, 즉 통신문(메시지)에서 통신 경로를 지정하는 문자 등 제어 문자를 제외한 본체 부분을 뜻한다.
언어학과 IT에서 이르기까지 텍스트란 언어를 비롯한 기호체계가 전달하고자 하는 메시지의 정보처리 과정 혹은 정보조작 절차이 단위를 뜻한다. 이러한 의미에서 인간의 텍스트 행위는 인간의 의도 및 함축적 의미, 의사전달의 맥락 및 물리적 상황의 정보, 전달과 수용에 따른

호학적 용어로서 텍스트란 화자가 청자에게 메시지를 전달하고자 하는 담화의 총체이다. 화자가 청자에게 메시지를 전달하는 직접적인 방식은 말하기이다. 말하기(lingual)는 특정 화자가 특정 청자에게 구어로써 담론을 전달한다. 그 담론을 글쓰기에 의해 문서로 고정한 것이 텍스트이다. 곧 텍스트란 '글쓰기에 의해 고정화된 담론'이다. 글쓰기(writing)는 최초의 화자-최초의 청자를 읽기-쓰기의 일반적 관계로 변화시키면서 담론을 모든 독자들에게 열어 놓는다. 이런 의미에서 텍스트는 최초의 화자, 최초의 청자, 최초의 담론 및 담론적 상황으로부터 자율적이다. 특정한 상황이나 문맥 속에서 글쓰기로 고정된 텍스트는 전혀 새로운 상황 속에서 새롭게 읽혀짐으로써 자율적이며, 텍스트 스스로 텍스트를 생산하고 수용한다.

2) 텍스트와 판본

문학연구의 대상이 작품 혹은 텍스트는 다양한 형식, 예컨대 원본과 이본, 저본과 사본 및 인본, 초고본과 개고본 및 정고본, 비평본(비판본)과 결정본 등으로 존재하는 바, 그 개념은 다음과 같다.

원본(original text)은 원문, 원전과 동의어로서 개고(改稿), 각색, 개작, 윤작, 번역, 번안, 개정, 초록, 요약 등을 하지 않은 원래의 대본이나 저작물이다.

이본(different version)은 기본적인 내용이 같지만 부분적인 차이가 있는 모든 판본으로서, 전승과정에 의해 그 원본에서 부분적인 구조적 형식적 변형이 일어난 판본을 뜻한다.

저본은 개고, 각색, 개작, 윤작, 번역, 번안, 개정, 초록, 요약이나 필사의 기초가 되는 판본이다.

사본은 저본을 대상으로 베끼거나 저본 없이 육필로 쓴 판본으로서, 사본을 저본으로 해서 베낀 것을 전사본(轉寫本), 이미 널리 퍼져 있는 유포본을 직접 쓴 전사

개인적 지식 내용 및 소통, 이해과정의 차이 등 다양한 의사소통의 요인들을 가지고 있다. 텍스트의 분석은 그러한 요인들을 매개로 한 정보의 분석이다.

본(傳寫本), 편저자가 직접 쓴 자필본 등이 있다.

인본이란 이미 있는 판본을 인쇄수단, 예컨대 목판, 석판, 활자, 광학을 이용하여 대량 생산하는 목판본, 석판본, 활자본, 영인본을 뜻한다.

초고본은 원저자에 의해서 최초로 쓰여진 원작이나 최초로 만들어진 판본이다.

개고본은 원저자나 편저자 혹은 출판사에 의해서 초고본을 고쳐서 만든 판본으로서, 개본, 개정본, 개작본 등과 동의어이다.

정형본은 원저자가 완성하여 더 개정이 필요 없는 판본이다.

비평본은 '작가의 마지막 창작 의도'와 '작품 자체의 순수성'이 초고본(초판본)의 확보만으로 보장되지 않는다는 전제 아래서 모든 관련 문헌을 참고로 하여 만든 신뢰할 수 있는 텍스트를 뜻한다.

결정본은 비평본들 가운데서 가장 이상적인 텍스트로서, 모든 관련 문헌을 참고로 하여 하나의 텍스트를 모본으로 택하여 만든 절충본이다.

참고문헌

고영근, 「텍스트과학과 문학연구」, 『한국텍스트과학의 제 과제』(고영근 외 공저), 역락, 2001, pp.45~66.

류탁일, 『한국문헌학연구』, 아세아문화사, 1989, p.9.

R.Wellek, A.Warren, 『문학의 이론』, 김병철 역, 을유문화사, 1958.

T.A van Dijk, 『텍스트학』, 정시호 역, 아르케, 2001.

2. 원본비평

1) 정의

원본비평(textual criticism)이란 텍스트의 원본(혹은 결정본)을 확정하기 위하여 원래의 원본 텍스트에서 최종 이본 텍스트에 이르는 과정, 곧 텍스트의 역사적 과정을 연구하는 것이다. 원본비평은 텍스트의 출처, 그 자체에 관한 분석, 그 자체와 이에 관련된 자료들의 진위성 검토를 함께 아우르는 것이다.

2) 원본 텍스트의 불확정성

원본비평의 대상은 고전에서 현대까지 이르는 모든 문학텍스트와 관련 텍스트들이다. 그 텍스트들은, 출판인쇄술이 발달한 현대에 있어서조차도 원작가의 원본 작품임을 보장하지 못한다. 원본 텍스트의 불확정성은 다음에 기인한다.

첫째, 필사의 문제[1] - 이것은 書寫者 혹은 轉寫者의 의식적인 개작이나 무의식적

---

1) 필사에 따른 텍스트의 변화 혹은 이본 텍스트의 발생 원인을 다음과 같이 들고 있다.
① 텍스트를 베낄 때 의식적이든 무의식적이든 글자가 빠지거나 틀린 것을 거듭할 때
② 원본 텍스트의 형식・내용에 대립이 있을 때
㉠ 원본이 2종류 이상 있을 때- 편저자나 다른 사람이 편집한 텍스트(草稿本)와 교정 텍스

인 오류에 의해서 생기는 것이다. 아울러 한 사람이 동시에 2개 이상의 저본이나 서책을 베낄 수 없기 때문에, 사본에는 동일본이 없으며, 모든 사본은 유일본이다.

둘째, 인쇄의 문제 - 이것은 그 생산과정에 참여하는 작가, 편집자, 인쇄공 등의 실수를 완전히 제거하기가 거의 불가능하기 때문에 텍스트의 오류가 일어나기 때문이다. 예컨대 '물질적인 동시에 정신적인 깊이에 대한 공포를 파악한 상상력으로부터 솟아나오는 불일치의 일치'라고 격찬받은 구절 "soiled fish of the sea"(H.멜빌(Melville)의 소설 《백경*Moby Dick*》)에서 "soiled"가 식자공의 오식으로 그 원래 표기가 "coiled"임이 밝혀진 것은 널리 알려져 있다. 이와는 달리 "본지 2009년 봄호(통권54호) 중 손수진 시인의 시 「거미, 베를 짜다」(183~184쪽) 마지막 행이 편집과정의 오류로 잘못되었기에 이를 바로 잡습니다."(『내일을 여는 작가 · 55』)에서와 같이 현대문학에서도 편집자의 오류도 일어난다.

셋째, 출판의 문제 - 이것은 인쇄의 문제를 포함하고 있을 뿐만 아니라 출판사의 출판기획이나 의도, 나아가서 상업적 목적에 관련하여 일어나는 텍스트의 오류이다.

한국근대문학사에서 김소월의 시집이 그 대표적인 실례가 된다. 김소월의 시작품이 수록된 단행본이 2000여권이나, '원본'이라는 이름으로 발간된 시집이 20여권

트(淨書本)가 같이 있거나 편저자가 직접 쓴 텍스트(自筆本)와 다른 사람이 베낀 텍스트(他筆本)가 같이 있을 때

㉡ 원본을 수정 또는 교정할 때

㉢ 원본의 체재에 변화가 있을 때

③ 원본의 확정 사정이 복잡할 때

㉠ 동일한 사람이 유사한 텍스트를 여러 번 베낄 때

㉡ 원본 텍스트의 성립에 관하여 불확실한 증거들만 있을 때

㉢ 원본 텍스트에 관련된 정보들이 여러 사람들에 의하여 서로 다르게 전승될 때

㉣ 원본 텍스트의 편찬자들이나 편집자들이 서로 다를 때

㉤ 원본 텍스트가 다른 계통의 텍스트들과 합쳐질 때

④ 본문을 의식적으로 고치거나 증보할 때

㉠ 본문의 의식적인 고침

㉡ 내용의 증보

⑤ 본문에 고칠 것을 덧보탤 때

㉠ 본문에 주석(두주, 각주, 방주)이나 주해를 덧붙일 때

㉡ 본문에 위작이나 위고를 덧붙일 때

⑥ 틀린 교정을 할 때

류탁일, 『한국문헌학연구』, 아세아문화사, 1989, p.9.

이 되지만 그의 시작품들 가운데 원본 텍스트의 확정문제는 여전히 남아 있다.

그 실례로 김소월의 대표작 《진달래꽃》은 다음과 같은 텍스트의 오류를 겪는다.

①

나보기가 역겨워
가실때에는
말업시 고히 보내드리우리다

寧邊엔 藥山
진달내꽃
아름따다 가실길에 뿌리우리다

가시는거름거름
노힌그꽃을
삽분히즈려밟고 가시옵소서

나보기가 역겨워
가실때에는
죽어도아니 눈물흘니우리다

②

나보기가 역겨워
가실때에는
말없이 고히 보내 드리우리다.

나보기가 역겨워
가실때에는
죽어도 아니 눈물 흘리우리다.

寧邊에 藥山
진달래꽃
아름 따다 가실 길에 뿌리우리다.

가시는 걸음걸음
놓인 그 꽃은
사뿐히 즈려 밟고 가시옵소서.

①은 『진달래꽃』(김정식 편, 매문사, 1925), ②는 『못잊을 그사람 素月全集』(백순재, 하동호 편, 양서각, 1966)에 수록된 동일한 《진달래꽃》이다. ①의 김정식은 김소월의 본명이며, ②의 백순재는 한국학문헌연구소에서 근대 신문, 잡지 등을 중심으로 연구하는 문헌학자이며, 하동호도 『한국근대문학의 서지연구』(깊은 샘, 1981) 등으로 익히 알려진 서지학자이다. 백순재와 하동호는 같이 펴낸 김소월시집으로는 『山有花』(인하출판사, 1971 ; 동창출판사, 1973),『소월시집 : 大自然을 그린 詩』(미림출판사, 1973), 『(決定版素月全集) 못잊어 : 大自然을 그린 詩』(인하출판사, 1970), 『못잊을 그 사람- 素月全集』(양서각, 1966)이 있다. ①은 김소월 자신이 본명으로 발간한 시집이며, ②는 소월의 사후에 널리 알려진 서지학자들이 공편으로 펴낸 시집이다.

①과 ②에서 텍스트 《진달래꽃》은 연, 행, 맞춤법, 띄어쓰기 등이 너무 다른 양상

을 보여주고 있다. ①과 ②에서 본다면 시 《진달래꽃》의 원본 텍스트는 ①이다.

《진달래꽃》의 원본 텍스트는 ①를 확정하기에는 또 다른 문제가 있다. ①은 시집에 수록되기 이전에 이미 잡지에 발표된 시이다. 그 작품(⓪, 『개벽』, 1922, 7.)은 다음과 같다.

⓪

나보기가 역겨워
가실때에는 말업시
고히고히 보내들이우리다.

寧邊엔 藥山
진달내꽃
한아름 따다 가실길에 뿌리우리다.

가시는길 발거름마다
뿌려노흔 그꽃을
고히나 즈려밟고 가시옵소서

나보기가 역겨워
가실때에는
죽어도 아니, 눈물흘니우리다.

⓪과 ①에서 일어난 텍스트의 변화를 일으킨 주체는 김소월인지 출판사인지가 문제가 된다. 출판사에 의한 텍스트 변화의 명확한 증거가 제시되지 않으면 일반적으로는 그 변화의 주체를 시인 자신으로 본다. 이렇게 본다면 ⓪은 초고이면서 원본 텍스트, ①은 개작 텍스트인 반면, ②는 분명히 텍스트 그 자체가 되지 않는다. 만일 가장 선행 시간의 자리에 놓일 수 있는 문학 내, 외적 증거를 확보한다면, ②는 초고이면서 원본 텍스트가 된다.

넷째, 제도의 문세[2] – 이것은 문예정책을 비롯하여 언어정책 및 표기법, 검열 ·

출판제도, 검열제도 등에 관련된 것으로서 텍스트의 오류와 함께 이본이 생겨나는 것이다. 특히 문예정책과 이를 바탕으로 한 검열·출판제도는 원본 텍스트를 이본 텍스트화 하는 가장 결정적인 원인이다.

그 대표적인 사례가 단재 신채호의 문학텍스트이다. 그의 문학텍스트를 수록한 전집은 남(①)과 북(②) 그리고 중국 연변(③)에서 발간되는 바, ①『初版 補遺編 丹齋申采浩全集』(을유문화사, 1975), ②『룡과 룡의 대격전』(조선문학예술동맹출판사, 1966), ③『신채호문학유고선집』(중국연변대학출판사, 1994)이 그것이다. ①은 북한에서 발간된 ②의 수록 작품을 당시 남한의 표기법에 따라서 재수록한 것이다. ②는 안함광의 해제를 붙여서 북한에서 발간한 것이다. ③은 연변대 김병민 교수가 북한 평양인민대학습당에서 소장하고 있는 단재의 친필 원고를 필사하여 발간한 것이다.

텍스트의 역사적 과정에서 본다면, '③→ ②→ ①'의 시간적 선후관계에 있다. ①은 1995년까지 재판되는 과정에서 동시대 남한의 언어정책에 따라 국한문 혼용체,

---

2) 제도의 문제에 관련되는 것은 문학 정전이다. 문학 정전은 문학 스스로에 의해서가 아니라 문학 제도 속의 여러 집단들이 만들어 낸 시대를 초월한 위대한 문학으로서 전승될 가치가 있을 뿐만 아니라 계속 전승되고 읽혀져야 하는 전형적이고 모범적인 것이다. 이에는 작가 정전, 작품 정전 혹은 텍스트 정전, 해석 정전이 있다. 이러한 정전은 문학제도 속의 권력에 의해서 결정되며, 그 권력의 변화에 따라서 텍스트의 변화, 곧 작가의 개작이 이루어진다. 그 구체적인 사례가 남북분단을 계기로 하여 일제 강점기에 발표한 작품들의 개작이다.
월북 작가들은 일제 강점기에 발표한 작품들을 북한의 문예정책에 맞추어서 개작한다. 이 때 개작의 문제는 작가의 개작의식이 아니라 생존의 문제이다. 예컨대 한설야는 8·15해방 이전에 발표한 작품들을 월북한 뒤 개작하는 바, 《황혼》(1936 초판/ 1955 개작), 《청춘기》(1937 초판/1956 개작), 《초향》 (1939 초판/1958 개작), 《탑》(1940~1941 초판/1956 개작) 등이 그것이다. 그 개작은 당시 문예정책, 곧 카프문학을 북한문학의 혁명적 전통으로 하는 '공산주의 문학 건설'에 맞추어서 이루어진 것으로서 그는 북한문단의 주도적 위치를 차지한다. 이어서 문예정책이 카프문학이 아니라 항일혁명문학이 북한문학의 혁명적 전통으로 하는 '천리마문학 건설'로 바뀌자, 개작으로 인하여 그는 오히려 숙청된다.
이러한 북한 문학 제도의 변화와는 달리, 남한에서는 8·15해방 그 자체가 문학제도의 변화이다. 8·15해방은 그 이전 식민지적 검열을 그 이후 그 검열로부터의 자유로 바뀌는 계기가 된다. 곧 작가들은 8·15해방을 계기로 하여 식민지적 검열에서 자유로워진다. 이를 계기로 하여 많은 작가들은 식민지 시대에 발표한 작품들을 개작하는 바, 예컨대 염상섭의 《삼대》, 안수길의 《벼》, 박계주의 《유방》, 오영진의 《맹진사댁 경사》 등등이 그것이다.
『현대소설사의 정전 재구성과 문학교육』 (제 47회 전국학술대회 자료집), 한국문학교육학회, 2007.10.11.
라영균, 「정전과 문학 정전」, 『외국문학연구 · 7』, 한국외국어대학교 외국문학연구소, 2000, pp.75~93.

한글전용체, 국한문혼용체로 바뀌는 텍스트의 언어 및 표기법의 변화를 겪는다. 이어서 2007년 『단재 신채호 전집(제 7권 · 문학)』(독립기념관 한국독립운동사연구소)으로 발간되면서 다시 텍스트의 변화가 일어난다.

①의 저본이 된 ②는 이미 동시대 북한 문예정책(천리마문학예술)과 조선민족어정책에 의해서 윤색, 삭제, 편집 등으로 인하여 텍스트의 오류가 일어난다.

③은 친필본의 필사본이며, 그 필사가 중국조선어로 이루어진다는 점에서 텍스트의 변화를 확인하기 어렵다.

①, ②, ③에서 가장 기본적인 문제는 원본 텍스트가 아직 확인되지 않고 있으며, 당시 언어문화제도에 의해서 텍스트 전승과정에서의 오류도 일어나고 있다는 것이다.

지금까지 살펴 본바 텍스트의 발생 원인에서 본다면, 원본비평의 가장 기본적인 문제는 원본 텍스트의 확정 문제이다.

3) 원본 텍스트의 확정 문제

원본 텍스트의 확정 문제는 그 존재 여부에 관련된다. 원본 텍스트의 존재는 문학의 언어양식, 곧 유동문학과 고정문학에 관련된다. 원본 텍스트는, 음성언어로 전승되는 유동문학에서는 없을 가능성이, 문자언어로 기록되는 고정문학에서는 있을 가능성이 훨씬 높다.

원본 텍스트가 없을 경우, 원본비평은 그 전승과정에서 생기는 오류로부터 순수성을 보존하고자 관련 문헌을 근거로 하여 가장 원본에 가까운 순수하고 정확한 판본을 추구한다. 이러한 과정은 일반적으로 '문헌의 추적→ 판본 전승조사(문헌계보도 작성)→ 판본 비판과 텍스트의 비교, 검증(편집기초본 작성)→ 텍스트 교정 및 조직(비판본 작성)→ 결정본 확정'을 거친다. 이 과정의 결과로 남는 문제는 작가의 확인과 텍스트의 간행연도 및 성립연대 혹은 창작연도 및 발표연도이다.

원본 텍스트가 있을 경우, 원본을 확정하고 나면 이어지는 것도 작가의 확인과 텍스트의 간행연도 및 성립연대 혹은 창작연도 및 발표연도에 관련된 한 문제이다.

작가의 확인 문제는, 음성언어에 의한 유동문학이 아니라 문자 언어에 의한 고정문학에 관련된다. 고정문학의 경우, 작가의 서명은 본명과 필명으로 나타난다.

본명의 경우에 작가의 확인과 관련하여 문제가 되는 것은 동명이인이다. 동명이인은 한자성명이 같거나 한글성명이 같은 경우인 바, 인명(인물)사전이나 인명록과 관련 검색사이트에서 확인할 수도 있다. 현대문학의 경우, 예컨대 李相和(尙和, 1901~1943)와 李相和(金石, 1936~1983)와 같이 한국작가회의와 한국문인협회의 주소록에서 쉽게 확인된다.

필명[3]은, 본명과 달리, 대부분 작가 자신의 명명인 바, 특정한 의미를 표현하는 개성적인 기호이다. 예컨대 필명 李陸史가 대구형무소 수인 번호 '264'의 음을 딴 한자어 '二六四'를 고친 것이라든지, 필명 박노해가 '박해받는 노동자의 해방'이라든지 하는 것이 그것이다. 이러한 필명을, 작가들은 특정한 시기, 특정한 문학형식, 특정한 발표매체에 따라서 사용하거나 본명, 혹은 가명과 혼용하기도 한다.

필명은 이미 알려진 작가의 필명이거나 그 작가를 전혀 알 수 없는 경우로 나누어 볼 수 있다. 이미 알려진 필명은 작가의 본명과 필명을 대조, 조사한 관련 문헌에서 쉽게 확인된다. 그렇지 않을 경우, 작가의 확인은 원본 텍스트의 분석에서 시작된다. 작가를 추정할 수 있는 자료들은 텍스트의 분석에서 얻은 언어, 문체, 형식 등의 내적 증거들, 내용, 사상, 세계관 등의 외적 증거들이다. 이러한 증거를 종합하여 추정가능한 작가의 다른 작품들과의 특성 비교, 그 작가가 처해 있은 문학사회학적 문맥과 이에 관련된 문헌들을 통하여 확정할 수 있을 것이다.

유동문학이든 고정문학이든 원본비평의 가장 궁극적인 목적은 원본 텍스트의 확정 문제이다. 이를 위하여 원본비평은 문헌학과 서지학[4]을 비롯한 인문사회과학 뿐

---

3) 필명의 사용은 일제 강점기 작가들에게는 일반화 된 일이다. 그 이유로, 첫째, 號를 애용하는 선비들의 전통적인 관례, 둘째 한 사람이 동일한 잡지에 몇 편의 글을 동시에 발표하되 같은 이름으로 중복하기 난처한 극도의 필자난 등을 들고 있다. 작명의 경위는 여러 가지이다. 예컨대 이상화의 경우, 백조 동인 시절에는 想華, 저항적인 경향시를 쓸 때에는 尙火, 말기에는 白啞로 바꾼다. 횡보는 술에 취해서 게걸음 하는 염상섭의 호로 주종건이 붙여준 것이다. 김병익, 「호와 필명의 애용」, 『한국문단사』, 1973, pp.98~101.

4) 문헌학과 서지학은 원본비평에 직접적인 연관이 있다. 문헌은 문자로 씌여진 언어표현이며, 문헌학은 그 문헌을 연구 대상으로 하는 학문이다. 문헌이 한(여러) 민족이 언어로 기록하여 남긴 모든 문화자산이라면 문헌학은 문헌을 대상으로 한(여러) 민족문화를 창조적으로 재현

만 아니라 자연과학의 도움을 지나칠 수 없는 것이다.

참고문헌

강순원, 「한국서지학의 연구 경향」, 『서지학연구 · 14』, 서지학회, 1997, pp.1~21.
김태옥, 「텍스트 언어학과 현대문학」, 『새국어생활 · 16』, 국립국어연구원, 1996, pp.108~139.
라영균, 「정전과 문학 정전」, 『외국문학연구 · 7』, 한국외국어대학교 외국문학연구소, 2000, pp.75~93.

하기 위하여 역사적으로 연구하는 학문이다. 이를 위해 문헌학은 무엇보다도 먼저 문헌의 고증, 교정, 번역, 주해, 해석을 중심으로 한다. 이런 의미에서 문헌학이 가장 중요한 영역은 문헌의 언어와 서지이다. 영어 philology를 문헌학이라고 번역한 것과 같이, 언어는 문헌을 판별하는 가장 기본적인 기준이 된다. 곧 서양에서 동의어로 사용되었다가 분리되면서 문헌언어학 philology은 역사 · 비교언어학, 언어학 linguistics은 공시언어학으로 정의된다. 역사 · 비교언어학에 의하여 그 언어를 추적함으로써 문헌의 역사적 재구성이 이루어진다. 문헌학은 문헌의 역사적 과정을 탐구하는 것이다. 그 탐구는 일반적으로 '문헌의 추적 → 판본 전승조사(문헌계보도 작성) → 판본 비판과 텍스트의 비교, 검증(편집기초본 작성) → 텍스트 교정 및 조직(비판본 작성) → 결정본 확정' 과정으로 이루어진다.
문헌의 서지는 서지학이다. 서지학 bibliography은 biblio(서적)와 graphy(기록)의 합성어로서 '책을 쓰는 것'이다. '책을 쓴다는 것'은 '책에 관하여 체계적으로 기술한다는 것'이다. 그 기술방법에 따라서 서지학은 원전서지학, 체계서지학, 형태서지학으로 나눌 수 있다. 원전서지학은 언어표현을 통하여 원전을 복원하는 것이며, 체계서지학은 문헌을 일정한 체계- 왕조별, 주제별, 종류별 등에 따라서 그 목록을 기술한다는 것이고, 형태서지학은 책의 물리적인 형태의 특성과 그 역사적 변천과정을 실증적으로 조사한다는 것이다.
이러한 문헌학/서지학은 상대적으로 문헌의 내적 특성/ 외적 특성, 정신적 특성/ 물리적 특성에 관심을 두는 것으로 차이난다.
문헌학과 서지학에 관련하여 중국에서는 판본학(목판본, 활자본, 석인본, 유인본 등 판본과 그 역사적 과정을 탐구하는 것), 목록학(책의 목록을 일정한 체계에 따라서 기술하는 것), 훈고학(유교 경전의 사상을 이해하기 위하여 한 글자와 구절을 해명하는 것) 등이 있다.
강순원, 「한국서지학의 연구 경향」, 『서지학연구 · 14』, 서지학회, 1997, pp.1~21.
류탁일, 『한국문헌학연구』, 아세아문화사, 1989.
서원남, 『중국 훈고학의 이해』, 제이앤씨, 2005.
안재원, 「서양고전문헌학의 방법론」, 『규장각 · 32』, 서울대학교규장각한국학연구원, 2008, pp.257~282.
이흥용, 『목록학』, 훈민, 2007.

서원남, 『중국 훈고학의 이해』, 제이앤씨, 2005.

안재원, 「서양고전문헌학의 방법론」, 『규장각 · 32』, 서울대학교규장각한국학연구원, 2008, pp.257~282.

이흥용, 『목록학』, 훈민, 2007.

조동일, 윤주은, 『素月詩全書 니젓든맘』, 학문사, 1980.

한국문학교육학회 편, 『현대소설사의 정전 재구성과 문학교육』(제 47회 전국학술대회 자료집), 2007.10.11.

3. 실증주의

1) 발생 및 전개

실증주의(positivism)란 모든 초월적인 사변이나 형이상학을 배격하고 실제로 존재하는 사실이나 경험적인 사실 혹은 관찰이나 실험으로 검증할 수 있는 사실만을 대상으로 하는 연구방법론이다. A.꽁트(Comte)에 의해서 시작된 실증철학은 D.흄(Hume)의 경험주의, J.록(Locke)의 감각주의의 영향을 받았다. 경험주의란 실제 경험에 의해 확증된 것만을 받아들이는 태도라면, 감각주의란 감각은 객관적인 실재를 묘사한 것이며, 이러한 감각에 의해서 관념이 만들어지며 관념은 경험에 의해서만 인식된다는 것이다. 실제 경험과 경험에 의해서 인식되는 관념은 실증주의의 기본 명제가 된다.

첫째, 실증적인 것이란 사실적인 것, 곧 경험적으로 인식될 수 있고 현실적으로 존재하는 것이다. 실증주의는 실제로 경험적으로 확인할 수 있고 실제로 존재하고 있는 것을 대상으로 한다.

둘째, 인간은 감각(시각, 청각, 후각, 미각, 촉각의 오감)을 통해서 실증적인 것의 인상을 최초로 인식하고 그 인상들을 지배하고 있는 어떤 보편적인 법칙(예컨대 빨간색과 熱)을 지식으로 받아들인다. 곧 인간은 감각을 통하여 실증적인 것과 그것에 내재해 있는 보편적인 법칙을 받아들인다.

셋째, 실증주의란 실제로 경험할 수 있고 존재하고 있는 사실들에서 출발하여 그 보편적인 법칙에 도달하는 것이다.

이러한 실증주의를 문학연구 법론으로 도입한 것은 C.A.쌩뜨-뵈브(Sainte-Beuve)와 H.테느(Taine)이다.

쌩뜨-뵈브(Sainte-Beuve)는 동시대 생물학의 영향을 받아들이면서 '문학의 박물학'을 확립하고자 한다. '문학의 박물학'이란, 박물학이 자연 및 자연계의 기원, 종류, 생태, 존재양식 및 발전의 역사를 과학적으로 연구하는 것과 같이, 문학작품을 통하여 그 존재양식을 알아보려는 것이다. 이에 그는 문학작품을 이해하는 최선의 방법은 그 작품을 쓴 개인을 이해하는 것이라고 한다. 그는 작가와 문학(작품)의 관계를 '그 나무에 그 열매'라고 표현한다. 문학(작품)은 작가와 그 성품으로부터 산출된 것이기 때문에 그는 작가연구에 관심을 집중한다. 그는 '작가'를 고립된 개인이 아니라 자연발생적인 집단의 성원으로 본다. 이러한 시각에서 그는 '작가의 내면적인 삶과 개인적인 습성'을 '시대'에 한정하지 않고 '그의 조부모, 부모, 형제, 자매' 등을 통하여 현실 속에서 재창조하려고 한다. 그는 작가연구를 사실의 복원이 아니라 사실의 재창조로 인식하면서 비평가에게 과학자의 과학적 능력과 시인의 예술적 능력을 요구한다. 그의 이러한 탐색은 문학연구를 하나의 지식체계로 성립하게 한 것이다.

이어서 H.테느(Taine)는, 자연과학과 비슷한 정신과학의 영역에 있는 동시대 역사학을 받아들이면서 문학의 역사적 법칙을 발견하고자 한다. 그는 문학(작품)을 '개인적인 상상이나 유희가 아니라 역사적 산물'로 전제한다. 역사적 산물로서 문학(작품)은 '화석'과 같은 것이다. 화석이 생물의 흔적을 지니고 있어서 그 생물을 추정할 수 있는 실마리가 되는 것과 같이 문학(작품)은 작가의 흔적을 지니고 있어서 그 작가를 추정할 수 있는 실마리가 된다. '화석'과 마찬가지로 일정한 규범이나 규칙에 의해서 만들어지는 것이 아니라 문학(작품)은 그것이 만들어진 바로 그 시대의 역사적 산물이다. 문학(작품)은 '현 시대의 풍습의 기록이며 어떤 종류의 정신의 표현'이다. 그는 '어떤 작품도 작가에 대한 지식없이 또한 그 작가의 생애와 그를 배출한 생활환경에 대한 지식없이 이해되어질 수 없다'는 비평 원칙을 도입한다.

이에 그는 (작가가 속한) 인종, (작가를 배출한 생활) 환경, (작가가 살았던) 시대를 비평의 기준으로 삼는다. 인종은 '선천적으로 타고난 유존인 심리적 소질의 총체'를, 환경은 '한 민족이 처한 상황의 총체'를, 시대는 '한 민족이 발전과정에서 도달한 현재에 작용하는 과거적 힘의 총체'를 뜻한다.

이러한 비평 기준을 준거로 하여 그는 첫째, 문학(작품)과 작가의 인과론적 관계, 둘째, 사회가 작가에게 미치는 영향관계, 셋째, 문학사의 발전과정에서 한 작가가 다음 세대 작가에게 미치는 영향관계, 넷째, 문학(작품)과 독자, 비평가 간의 상호관계를 탐색한다. 그의 이러한 비평은 '동일한' 인종, '동일한' 환경, '동일한' 시대에서는 개별적인 문학(작품)들이 '동일한' 경향이나 특성을 드러낸다는 도식론에서 벗어나지 못한다. 뿐만 아니라 그의 비평은 개별적인 문학(작품)의 특성이나 가치를 밝히는 것이 아니라 그 작품을 산출하게 된 당시 사회적인 집단의 특성을 밝히는 것이다. 그가 작품을 이해하기 위하여 작가를 연구한다는 것도 오히려 작가를 이해하기 위하여 작품을 연구한다는 것이 된다. 그 결과 그가 작품의 비평이 아니라 작가의 전기에 관심을 집중하게 된다.

2) 방법론적 특성

실증주의의 방법론적 특성은 원본 텍스트, 언어, 작가의 전기, 작가의 영향[1]에 있다.

---

1) 원본 텍스트, 언어, 작가의 전기, 작가의 영향은 실증주의의 영역이면서 문학사의 문제 및 문학 관습의 문제를 덧보태면 역사주의 혹은 역사·전기비평의 영역이기도 하다.
역사주의에서는, 문학이 언어의 특수한 조직체인 것과 같이, 문학도 문화의 특수한 표현체이므로, 문학사는 문화사의 특수한 영역이다. 문학은 그 자체가 역사적 기록이고, 그 자체의 존재가 역사적 사실이며, 그 특성도 과거성과 불가분의 관계로 얽혀있다. 이러한 문학을 통하여 일정한 시대 및 장소와 언어로 나타난 한 민족의 표현, 한 민족문화의 시대정신을 재구성하는 것이 문학사이다. 문학이 역사적 사실이며, 시대정신의 재구성을 위한 자료로서 존재하므로, 문학사의 원천은 문학사상, 정치사회제도, 일반사회생활, 전통 및 신화 그리고 전기이다.
문학은 문화이면서 그것 자체의 역사적 전통을 가지고 있다. 문학 관습(convention)이란 그것 자체의 역사적 전통을 이어주는 내적 요소이다. 문학 관습은 문학작품에서 공시적이든 통시적이든 반복적으로 나타나는 언어, 문체, 형식, 기법, 제재, 장르 등이다.

원본 텍스트의 문제 : 실증주의에서 '실증적인 것'의 전형이 원본 텍스트이다. 원본 텍스트의 확정문제는 원본비평(제2부 제 3장 Ⅱ)에서 다룬 바와 마찬가지이다. 하나의 사례를 들면, 《메밀꽃 필 무렵》으로 널리 알려진 이효석의 소설작품은 원래 《모밀꽃 필 무렵》(『조광 · 12』, 1936.10)으로 발표되었다. 그렇다면 그 텍스트의 제목은 어느 것인가?

언어의 문제 : 실증주의에서 언어의 문제는 언어의 역사성에 기인한다. 그 역사적 변천으로 인하여 언어에 대한 실증주의적 접근방법은 기술, 설명, 해설이다. 기술(description)은 언어로부터 얻은 사실의 자료들을 기록하는 것이다. 이러한 기술을 기초로 하여 그 언어의 음운, 의미, 기능, 맥락 등을 명확하게 드러내거나 그 속에 실현된 구조 법칙을 드러내는 것이 설명(explanation)이다. 작품에 대한 설명은 해설(elucidation)의 형식을 취한다. 언어의 음운, 의미, 어휘, 구문 등은 기술, 설명, 해설의 대상이 된다.

예컨대 이효석의 《모밀꽃 필 무렵》에서 다음 밑줄친 어휘의 경우 그 정확한 의미가 문제된다.

① 나귀까지 팔게된 판이었으나 <u>애끗는</u> 정분에 그것만은 이를물고 단념하였다.(『조광 · 12』, 1936.10)
② 나귀까지 팔게 된 판이었으나 <u>애끊는</u> 정분에 그것만은 이를 물고 단념하였다.(『이효석전집 · 2』, 창미사, 1983)
③ 나귀까지 팔게 된 판이었으나 <u>애끓는</u> 정분에 그것만은 이를 물고 단념하였다.(『고등국어 국어(상)』)

①의 '애끗는'을 ②에서는 '애끊는'으로 ③에서는 '애끓는'으로 달리 표현하고 있다. ①의 '애끗는'은 '애긋는'의 방언이며, '애끊다'의 옛말 '애긋다'에서 온 말이다. 옛말 '애긋다'는 '애매하다'와 '애끊다'의 2가지 의미를 가지고 있다. ②의 '애끊는'은 '애끊다'에서 온 것으로서 '몹시 슬퍼서 창자가 끊어질 듯하다'라는 뜻이다. ③의 '애끓는'은 '애끓다'에서 온 말로서 '몹시 답답하거나 안타까워서 속이 끓는 듯하다'라는 뜻이다. 이러한 언어적 사실에서 본다면 ①의 '애끗는'은 '애끓는'이 아니라

'애끊는'으로 보는 것이 정확하다.

작가의 전기 : 작가의 전기 연구는 실증주의의 중심 영역이다. 실증주의에서 작가가 작품을 생산하므로 작품은 그 생산자인 작가(의 의도)에 의해서 결정된다. 작가(의 의도)와 작품은 인과관계에 있으며, 작품을 연구하는 것이 곧 작가를 연구하는 것이다. 예컨대 이효석과 그의 소설작품들은 인과관계에 있으므로 그의 가계 - 조부모, 부모, 형제, 자매와 생애, 기질 등이 원인이 되어 그 결과로 소설작품이 창작된 것이다. 아버지의 재혼, 아버지에게 버림받은 어머니와 세 누이동생들과의 삶, 서양문학에의 탐닉, 성적 탐닉과 이국적인 취미 등으로 그의 소설은 엑조티시즘, 에로티시즘을 주제로 하게 된다는 것이다. 《모밀꽃 필 무렵》은 그의 어릴 적 간접 체험, 곧 '그가 서당에 다니던 시절에 들었던 이야기- 주막 충주집, 주인 송씨와 허씨 성을 가진, 곰보영감이라고 불리던 장돌림 간의 통정 그리고 장사꾼 조봉근 간에 있었던 이야기, 혹은 주막 충줏집에 살다시피 한 조중원, 장돌림 허씨, 집안 형편으로 제천으로 이주한 성공여와 그의 딸 옥분, 물방앗간에서 허씨와 옥분 간의 인연을 맺었다는 소문 등이 작품 창작의 원인이 되었다는 것이다.

작가의 영향 : 작가가 원인이 되고 그 결과로 생산된 작품은 독자가 읽는다. 독자에게 독서의 대상은 작품이고 그 원인이 되는 작가이다. 독자는 일차적 대상으로 작품을, 이차적 대상으로 작가를 읽는다. 독자는, 작가가 창조하고 형상화 한 가치를 작품을 통해서 읽는다. 독자는 작가와 분리된 작품 자체를 독립적인 대상으로 읽는 것이 아니라 작품을 통해서 작가가 창조한 가치를 읽는 것이다. 작가는 작품을 단순히 매개체로 하여 그 속에 창조하고 형상화 한 가치를 독자에게 전달한다. 독자는 그 가치를 발견, 판단, 향유함으로써 태도의 변화를 겪는다. 독자의 태도 변화는 작품이 아니라 작가의 영향이다. 그 영향은 일반 독자 뿐만 아니라 선후배관계 혹은 사숙관계에 있는 작가들에게 전달된다. 예컨대 이효석은 경성제대에서 영문학과를 전공하고 극작가 J.M.싱(Synge)의 연극에 관하여 졸업논문을 쓰고 러시아 작가 체홉, 영국 작가 K.맨스필터(Mansfield), D.H.로렌스(Lawrence), 아일랜드 J.M.싱(Synge) 등의 영향을 받았다고 스스로 고백한다.

참고문헌

김 현,『프랑스비평사(근/현대편)』, 문학과 지성사. 1993.

김혜니,「역사주의비평」,『(외재적) 비평문학의 이론과 실제』, pp.15~78.

유형식,「실증주의적 방법론」,『외국학연구 · 5』, 중앙대학교 외국어문학연구소, 2001, pp.213~241.

이유영,「실증주의적 방법」,『독일문예학개론』, 삼영사, 1979, pp.131~139.

G.랑송,「제 2 제정시대의 사상의 변천」,『불문학사(하)』, 정기수 역, 을유문화사, 1997, pp.156~167.

M.마렌그리제바하,「실증주의적 방법」,『문학연구의 방법론』, 장영태 역, 기린원, 1989, pp.17~38.

Ⅳ. 문학텍스트의 내적 구조와 내재적 접근

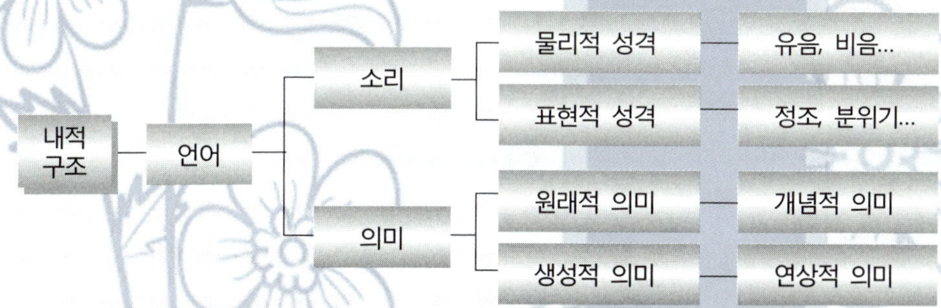

1. 언어와 언어기호
2. 의미와 의미의 해석

1. 언어와 언어기호

1) 일상적/문학적 언어의 용법

문학은 언어예술이다. 문학은 언어가 아니라 언어로 된 예술이다. 언어는 그 질료로서 사용되긴 하지만 문학을 위하여 존재하는 것은 아니다. 문학은 그 자체의 특정한 목적과 효과(미적, 사회적)를 위하여 언어의 속성을 특수하게 이용한다.

일반적으로 언어의 구조 및 속성을 다음과 같이 도식화 할 수 있다.

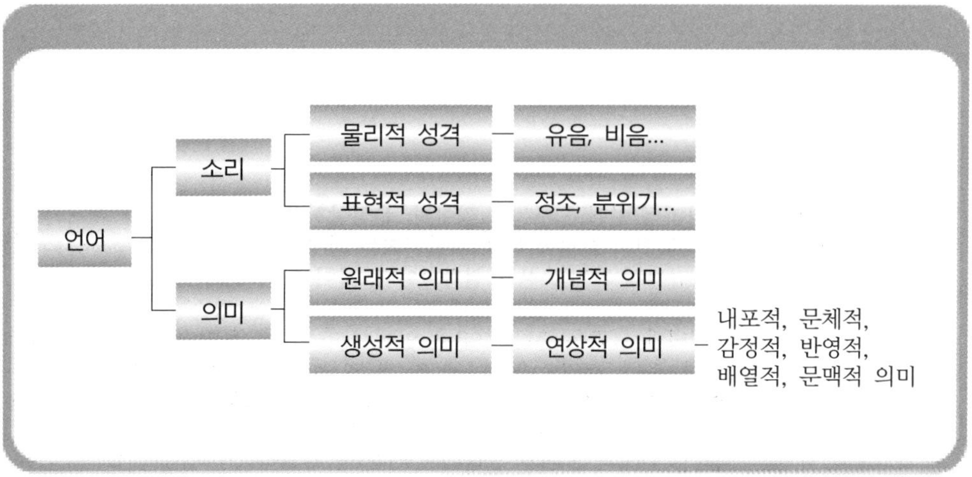

언어는 소리/의미, 외연/내포, 시니피앙/시니피에와 같이 형식/내용의 구조로 되어 있다. 이러한 언어를 일상생활에서 사용할 때는 일상적 언어, 문학작품 속에서 사용할 때는 문학적 언어라고 부른다. 그 용법이나 기능에 따라서 언어는 일상적 언어와 문학적 언어로 나눌 수 있다.

첫째, 소리의 측면에서 본다면 문학적 언어는 그 성격들의 결합 혹은 의미와의 결합에 주목한다. 소리의 물리적, 표현적 성격들의 결합은 어감 혹은 말맛이며, 소리와 의미 간의 결합은 음성상징이다. 문학적 언어는 소리의 효과를 어감과 음성상징(의성어, 의태어)[1]으로 표현한다.

예컨대 박남수의 《종달새》는 의태어를 통하여 소리의 효과를 나타내고 있다.

> 보리밭에 서렸던
> 아지랭이 영신(靈神)들이 지금은
> 하늘에서 얼굴만 내어 밀고
> 군종(群鍾)이 울리는 음악의 잔치가 되어
> 고운 갈매의 하늘을
> 　　포롱
> 　포롱
> 포롱
> 날고 있다.

---

1) 어감은 소리나 말투에 따라서 언어가 주는 느낌이며, 음성상징은 언어의 소리 그 자체가 표현하는 표현가치이다. 어감은 언어 표현에 의해서 환기되는 심적 현상인 반면, 음성상징은 개별음성에 따라서 달라지는 감정적 가치 혹은 표현가치이다. 국어에서는 자음과 모음에 따라서 그 어감이나 표현가치가 다르다. 자음에 있어서 평음(ㄱ,ㄷ,ㅂ,ㅅ,ㅈ)은 평순한 느낌을, 경음(ㄲ,ㄸ,ㅃ,ㅆ,ㅉ)은 강하고 예리한 느낌을 준다. 모음에 있어서 양성모음/음성모음은 '近/遠, 輕/重, 强/弱, 狹/廣, 剛/柔, 薄/厚, 小/大, 明/暗, 急/緩, 淸/濁, 盡/增, 短/長, 固/軟'의 느낌을 준다. 아울러 장모음은 느린 동작의 느낌을, 폐모음은 작고 가벼운 느낌을, 개모음은 무거운 느낌을 준다. 덧붙여서 상징어란 언어의 소리와 의미가 필연적인 관계에 의해서 성립된 언어로서 그 자체의 표현가치를 가진다. 이에는 사물의 소리를 흉내내는 의성어, 사물의 모양이나 태도, 행동 등을 묘사하는 의태어가 있다.
이숭녕, 「국어음성상징론에 대하여」, 『언어 · 3-1』, 한국언어학회, 1978, pp.1~18.

흐르고 있다.

포롱

포롱

포롱

시냇물 위에 날리는 잔바람에

하늘이 떨어져

파안(破顔)의 즐거운 파문(波紋).

둘째, 의미[2]의 측면에서 본다면 일상적 언어는 사전적 개념적 의미로 의사소통을 하는 반면, 문학적 언어는 사전적 개념적 의미를 전용하여 생성된 의미로 의사소통을 한다. 예컨대 조정래의 《태백산맥》에서 '지리산'은 단순히 '경상남도, 전라남도, 전라북도에 걸쳐 있는 산'의 지명이 아니다.

> … 옛적부터 들판에서 들고 일어난 백성들은 산으로 피해감스로 싸우고 싸우다가 지리산으로 몰리면 종단에넌 끝장나뿌렀다는 것인디, 우리야 싹 다 지리산으로 쫓기는 것이 아니고 비무장만 임시변통으로 뒤로 빼는 것잉게 달브기야 허제만, 그려도 지리산으로 뒤뺀다고 헐 적에 맘이 껄쩍지근혔고, 이리 와서 봉께로 맘이 쌔코롬해짐스로 탁 까라지는 것이, 자꼬 어런들 말이 되씹히고 그러요.(《태백산맥》 제10권 p.19.)

인용 부분은 부대를 지리산으로 이동하라는 전남도당의 지시를 받자, 빨치산 부대의 간부 하대치가 이동을 망설이는 부분이다. 하대치에게 지리산은 '죽음'을 환기시키는 공간이다.

소리와 의미의 측면에서 본다면 일상적 언어와 문학적 언어 간의 관계는 서로 다

---

2) 의미의 개념과 유형에 관해서는 일치된 견해가 없다. Ogden-Richards는 여러 학자들에 의해서 정의된 의미의 개념들을 정리하고 있다. 국어학에서는 이희승이 의미를 의의와 임시의의로 나누고 의의를 주의(일반적 의의), 부의(부차적 의의), 감정적 가치(정서내용)으로 나누고 있다. 이 글에서는 의미를 그 언어가 원래 가지고 있는 의미와 이를 매개로 하여 새로이 만들어진 의미, 곧 원래 의미와 생성 의미로 나누고자 한다.

르다. 그 다름은, 서로 다른 별개의 언어들이 아니라 동일한 언어로서 다만 그 기능이나 용법이 다른 것이다.

I.A.리챠즈(Richards)는 일상적 언어와 문학적 언어를 언어의 과학적 용법과 정서적 용법으로 구별하여 설명한다. 언어의 과학적 용법과 정서적 용법은 언어와 그것이 지시하는 객관적 사물 간의 관계에 의해서 구별된다. 언어와 객관적 사물 간의 관계가 '1:1'로 맺어지면 과학적 용법이며, '1:多'로 맺어지면 정서적 용법이다. 과학적 용법은 일정한 객관적 사물이나 사물을 설명하는 지시적 언어라면, 정서적 용법은 감정이나 기분 등을 표현하거나 환기하여 어떤 정서를 불러 일으키는 정서유발적 언어이다. 언어의 이러한 용법이나 기능에서 본다면, 과학이 객관적 사실을 전달하는 논리적 진술인 반면, 문학은 의사진술(pseudo-statements)이다.

껍데기는 가라
사월도 알맹이만 남고
껍데기는 가라

껍데기는 가라
동학년 곰나루의, 그 아우성만 살고
껍데기는 가라

그리하여, 다시
껍데기는 가라

이곳에선 두 가슴과 그곳까지 내논
아사달 아사녀가
중립의 초례청 앞에 서서
부끄럼 빛내며
맞절할지니

껍데기는 가라
한라에서 백두까지
향그러운 흙가슴만 남고
그 모오든 쇠붙이는 가라

신동엽의 《껍데기는 가라》의 전문이다. '껍데기'의 사전적 의미는 '달걀, 조개 따위의 겉을 싸고 있는 단단한 물질이나 알맹이를 빼내고 겉에 남은 물건' 등을, 연상적 의미는 '실속없는 허울'을 가리킨다. 인용 작품에서 '껍데기'는 그 사전적 연상적 의미가 '사월의 알맹이, 동학년 곰나루의 아우성, 한라에서 백두까지의 향그러운 흙가슴, 쇠붙이'의 의미차원으로 전용된다.

이와는 달리, 시어와 일상어, 문학적 언어와 일상적 언어를 서로 다른 별개의 언어로 보는 관점은 시어법[3](poetic diction)인 바, 글자 그대로 문학작품에서 단어, 어구, 비유 등을 선택, 사용하는 방식을 뜻한다.

이러한 시어법은, 원래 모든 시대의 문학작품들이 동시대 일상적 언어에서 사용하지 않는 언어의 사용방식을 뜻하는 것이다. 현재에 이르러서 시어법은 특정한 시인이 동시대 다른 시인들과는 현저하게 차별되는 언어의 특수한 사용방식을 뜻한다.

그 원래적인 의미에서 본다면 문학적 언어와 일상적 언어가 서로 다르다는 것은 그 미적 자질이 다르다는 것이다. 일상적 언어는 단순히 감정, 분위기, 정서 등 심리상태를 표출하지만, 문학적 언어는 그 심리상태를 미적 감정으로 재현하거나 표현하는 것이다. 예컨대 김수영은 스스로 자신의 시어가 '지극히 평범한 일상어'로서 '서적어와 속어의 중간쯤 되는 말'이거나 '어머니한테서 배운 말과 신문에서 배운 시상어의 범위 안에 제한된 말'(「시작 노트 2」, 1961.6.14)이라고 하면서 시 《거대한 뿌리》(1964.2.3)에서 일상적 언어를 사용하고 있다.

---

3) 시어법(poetic diction)을 시적 파격이나 措辭(언어의 선택과 배열)로 의미를 확장하면 시적 허용(poetic license)과 만난다. 시적 허용이란 J.드라이든(Dryden)이 '모든 시대 시인들이 가지고 있는, 산문으로 표현할 수 없는 것을 운문으로서는 표현할 수 있는 자유'이다. 이것은 시인이 표준적인 산문을 무시하는 것을 정당화 해주는 것이며, 나아가서 시인이 시어와 형식의 일상적 규범을 위반하고 자유로운 시작의 태도를 가시는 것이다.
M.H.Abrams, 『문학용어사전』, 최상규 역, 대방출판사, 1984, pp.222~223.

나는 아직도 앉는 법을 모른다
어쩌다 셋이서 술을 마신다 둘은 한 발을 무릎 위에 얹고
도사리지 않는다 나는 어느새 남쪽식으로
도사리고 앉았다 그럴 때는 이 둘은 반드시
이북 친구들이기 때문에 나는 나의 앉음새를 고친다
8·15 이후에 김병욱이란 시인은 두 발을 뒤로 꼬고
언제나 일본 여자처럼 앉아서 변론을 일삼았지만
그는 일본 대학에 다니면서 4년 동안을 제철회사에서
노동을 한 강자(强者)다

나는 이자벨 버드 비숍 여사와 연애하고 있다 그녀는
1893년에 조선을 처음 방문한 영국 왕립지학협회 회원이다
그녀는 인경전의 종소리가 울리면 장안의
남자들이 모조리 사라지고 갑자기 부녀자의 세계로
화하는 극적인 서울을 보았다 이 아름다운 시간에는
남자로서 거리를 무단통행할 수 있는 것은 교군꾼,
내시, 외국인의 종놈, 관리들뿐이었다 그리고
심야에는 여자는 사라지고 남자가 다시 오입을 하러
활보하고 나선다고 이런 기이한 관습을 가진 나라를
세계 다른 곳에서는 본 일이 없다고
천하를 호령한 민비는 한번도 장안 외출을 하지 못했다고......

전통은 아무리 더러운 전통이라도 좋다 나는 광화문
네거리에서 시구문의 진창을 연상하고 인환(寅煥)네
처갓집 옆의 지금은 매립한 개울에서 아낙네들이
양잿물 솥에 불을 지피며 빨래하던 시절을 생각하고
이 우울한 시대를 파라다이스처럼 생각한다
버드 비숍 여사를 안 뒤부터는 썩어빠진 대한민국이

괴롭지 않다 오히려 황송하다 역사는 아무리
더러운 역사라도 좋다
진창은 아무리 더러운 진창이라도 좋다
나에게 놋주발보다도 더 쨍쨍 울리는 추억이
있는 한 인간은 영원하고 사랑도 그렇다

비숍 여사와 연애를 하고 있는 동안에는 진보주의자와
사회주의자는 네에미 씹이다 통일도 중립도 개좆이다
은밀도 심오도 학구도 체면도 인습도 치안국
으로 가라 동양척식회사, 일본영사관, 대한민국 관리,
아이스크림은 미국놈 좆대강이나 빨아라 그러나
요강, 망건, 장죽, 종묘상, 장전, 구리개 약방, 신전,
피혁점, 곰보, 애꾸, 애 못 낳는 여자, 무식쟁이,
이 모든 무수한 반동이 좋다
이 땅에 발을 붙이기 위해서는
- 제3인도교의 물속에 박은 철근 기둥도 내가 내 땅에
박는 거대한 뿌리에 비하면 좀벌레의 솜털
내가 내 땅에 박는 거대한 뿌리에 비하면

괴기영화의 맘모스를 연상시키는
까치도 까마귀도 응접을 못하는 시꺼먼 가지를 가진
나도 감히 상상을 못하는 거대한 거대한 뿌리에 비하면......

인용 시편에서 '네에미씹, 개좆, 미국놈 좆대강' 등 속어를 비롯한 시어들은 단순한 감정의 직설적 표현으로 사용된다.

현대적 의미에서 본다면 특정한 시인, 작가는 동시대 시인, 작가들이 보편적으로 사용하고 있는 언어의 선택방식과는 다른 독특한 시어법을 가지고 있다. 예컨대 이문구는, 동시대 소설가들과는 달리, 구술적인 서사전통을 이어받으면서 고유어, 토착어, 통속어, 사투리 등을 사용하여 반연체의 문체를 선택하고 있다.

> 안녕허십니까. 신을쨍(申乙鐘)이올시다. 이름이 션찮여 부민장백이는 못헙니다마는, 지가 여러분들보다 배운게 많다거나, 워디가 잘나서 이 앞에 슨 건 아닙니다. 이 점 양해해주시기 바랍니다. 오늘 교육에 면장님께서 꼭 나오실라구 허셨습니다마는 급헌 호이가 있어서 아직 못 나오시는 걸루 알고 있습니다. …(중략)… 그동안은 지가 몇 말씀드리겄습니다. …(중략)… 퇴비허면 누구 농사가 잘되느냐 이 애깁니다. 식전 저녁으루 두 짐쓱만 벼유. 그런디 저기, 저 구석은 뭣 땜이 일어났다 앉었다 허메 방정떠는겨? 왜 왔다리갔다리 허구 떠드는 겨? 꼭 젊은 사람들이 말을 안 탄단 말여. 야- 저런 싸가지 읎는 늠으 색긔 … 야 늠아, 말이 말 같잖여? 너만 덥네? 저늠으 색긔 … 즤애비는 저기 즘잖게 앉어 있는디 자식은 저 지랄 혀. 이중에는 동기간이나 당내간은 물론이구 한집에서 둣씩 섯씩 부자지간이 교육을 받으러 나오신 분두 즉잖은 줄로 알구 있습니다마는 웬제구 볼 것 같으면 아버지나 윗으론은 즘잖게 시키는 대루 들으시는디, 그 자제들은 당최 말을 안 타구 속을 쎅이더라 이겝니다. 교육 중에 자리 이사 댕기구, 간첩모냥 쑥떡거리구 … 야늠아, 너 시방 워디서 담배 피는 겨? 너 또 워디 가네?(『우리 동네 김씨』, pp.37~38.)

인용에서 부면장은 '퇴비쌓기'를 이야기할 때에는 표준어에 가까운 공식어조, '젊은이의 행동'을 나무랄 때에는 사투리를 사용한 사사로운 어조로 바뀐다. 그는 등장인물들에 따라서나 한 등장인물의 처한 상황에 따라서 언어 및 어조를 변화시킨다. 그의 이러한 언어사용은 고유어(방정떨다-방정맞다), 사투리(싸가지-싹수), 통속어(지랄, 색긔-새끼), 토착어(말을 안 탄다-말을 듣지 않는다)를 통하여 구어체로써 만연체의 문장을 만들거나 구술적인 서사적 줄거리를 만들어 간다. 그가 사용하는 사투리, 통속어, 토착어 등을 비롯한 고유어는 옴살이(아주 가까운 친구 사이), 말전주(이간질), 과녁빼기(똑바로 건너다 보이는 곳), 씩둑거리다(수다를 떨다), 해찰하다(딴짓을 하다), 곱삶다(두번 삶다), 일매지다(가지런하다), 뜨르르하다(능통하다), 부랴사랴(아주 급하게) 등등 매우 풍부하다.

지금까지 살펴 본 바, 일상적 언어와 문학적 언어는 공통적으로 언어를 의사소통의 도구로 사용하는 것이다. 그 차이점은 일상적/문학적 의사소통 간 체계의 차이이며, 궁극적으로 언어의 용법 및 기능이 서로 다르다는 것이다.

2) 언어기호와 언어학적 의사소통

의사소통을 하는 가장 강력한 수단이 언어임에는 틀림없다. 물론 의사소통의 수단에는 언어뿐만 아니라 몸짓이나 자세도 있으며, 모르스부호, 교통신호 및 표지, 심지어 의복, 건축물 등도 있다. 이와 같이 의사소통의 수단으로서 '의미'를 전달하거나 그러한 과정이나 행위를 작동하게 하는 것을 기호라고 한다.

기호는 의사소통에서 '의미의 전달'을, 의사소통 과정이나 행위에서 '의미작용'을 하는 것이다.

기호에는 언어학적 기호와 비언어학적 기호가 있다. 언어는 언어학적 의사소통의 수단으로서 언어기호이다. 언어는 기호로서의 기능을 가진 성음기호이다.

기호에 관한 학문을 Semiotic으로 명명하면서 C.S.퍼스(Perice)는, 기호를 '어떤 사물을 누구에게 어떤 관점 혹은 능력에서 대신하는 어떤 것'으로 정의하고 있다.

이러한 정의에서, '기호'는 '대신하는 어떤 것'을, '대신하는 어떤 사물'은 대상(object)을, 그것에 의해 '어떤 관점 혹은 능력'에서 떠오르는 생각이나 개념 등은 해석체(interpretant)를 가리킨다.

'대신하는 어떤 것'이라는 의미에서 기호는 언어를 비롯하여 모르스부호, 교통신호 및 표지 등과 같은 언어학적 의사소통체계들 뿐만 아니라 인간의 몸짓, 자세, 의복, 식사, 건축물 등 특정한 집단구성원들에게 공통된 의미를 대신하는 비언어학적 의사소통체계들을 포함한다.

'어떤 것을 대신하는 어떤 사물'이라는 의미에서 대상은 기호에 의해서 상징되거나, 기호로 대신할 수 있는 모든 것이다. '누구에게 어떤 관점 혹은 능력'에서 떠오르는 생각이나 관념 등이라는 의미에서 해석체는 마음 속에 생성되는 느낌, 생각, 개념, 형상들 등이며, 그것들 자체도 또 다른 기호가 된다.

이러한 기호, 대상, 해석체의 협동적인 상호작용이 기호작용이며, 그 작용에 의해서 이루어지는 과정이 기호과정이다.

기호의 삼각형[4]은 기호작용과 기호과정을 이루고 있는 기호, 대상, 해석체의 관계이다. (해석체도 또 하나의 기호임을 잊지 않았다면) 기호와 대상과의 관계에 의해서 도상(icon), 지표(index), 상징(symbol)으로 나누어진다.

도상은, 예컨대 초상화와 실물 간의 유사성과 같이 대상과의 유사성에 의해서 성립되는 기호이다.

지표는, 예컨대 연기와 불, 풍향계와 바람의 방향 등과 같이, 대상과의 인과관계를 맺고 있거나 물리적인 인접성을 가지고 있는 기호이다.

상징은, 대상과의 유사성이나 인접성도 없이 일반적인 개념을 매개로 하여 대상을 가리키는 기호, 사회적 습관이나 규약에 의해서 성립되는 기호이다.

전자의 경우, '개(犬)'는 특정한 어떤 개가 아니라 모든 개, 혹은 개라는 일반적인

---

4) 기호의 삼각형은 기호, 기호의 의미, 대상 간의 관계를 도식화 한 것으로서 Ogden-Richards가 『의미의 의미』에서 '의미의 기본 삼각형'으로 제시한 것에서 출발한다. 그 관계를 도식화하면 다음과 같다.

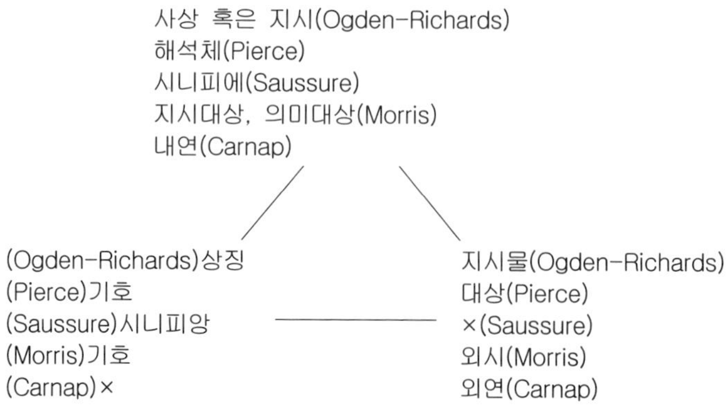

Ogden-Richards는 언어를 상징의 한 가지로 보면서 그 상징이 사물을 지시하는 것을 의미라고 규정한다.

C.S.피스(Pierce)는 언어를 상징기호로 보면서 상징기호를 일반적 관념을 매개로 하여 그 대상의 의미를 나타내는 기호라고 규정한다.

F. 소쉬르(Saussure)는 언어를 기호들의 체계로 보면서 언어를 기호로서의 기능을 가진 성음기호로서 의사소통을 하는 인간의 능력으로 규정한다.

C.모리스(Morris)는 기호와 기호과정(기호 매체, 기호의 지시대상, 기호의 해석내용, 기호의 해석자)을 대상으로 하여 기호의 과학을 정립한다. R.카르납(Carnap)은 과학언어를 '기호, 대상, 사람' 간의 관계로 분석하여 모든 과학에 적용될 수 있는 구문론과 의미론을 체계화한 논리실증주의자이다.

U.에코(Eco), 『기호, 개념의 역사』, 김광현 역, 열린 책들, 2000, p.44.

관념을 매개로 하여 그 대상을 가리키는 상징이다. 후자의 경우, '이 개는 늑대같다'에서 '개'는 특정한 개별적인 개를 지시하는 상징이다.

이러한 기호들 가운데서 어떤 대상을 일반적 개념을 매개로 하여 기술하고 설명할 수 있는 것은 상징이다. 예컨대 '내 마음은 호수다' 와 같이 '내 마음'이라는 대상을 '호수'라는 일반적인 개념으로 기술하고 설명할 수 있는 상징은 그 문장을 구성하고 있는 언어들이다. 이런 의미에서 상징은 곧 언어기호이다.

이와 같이 C.S.퍼스는 비언어학적 의사소통체계를 수립하고 기호를 도상 및 지표의 비언어적 기호와 상징의 언어적 기호로 분류하고 언어기호를 상징기호로서 규정한다.

F.소쉬르(Saussure)는 언어학적 의사소통체계를 수립하면서 기호로서의 언어 그 자체에 주목한다. 그는 기호를 순수한 언어적인 요소로 규정하면서 언어 외적인 차원에 존재하는 대상 혹은 사물을 기호론에서 철저히 배제한다. 대상과 그것의 이름은 인식론의 문제이기 때문에 그는 기호의 언어학적 문제에 집중한다.

기호는 감각적으로 감지될 수 있는 측면과 감지될 수 없는 측면이 있다. 소리 이미지와 개념의 복합적인 총체이다. 감각적으로 감지된다는 것은 실제로 말을 들을 때 듣는 것, 언어를 읽거나 생각할 때 마음의 귀로 듣는다고 생각하는 것인 바, 소리 이미지(청각 영상)이다. 감각적으로 감지되는 않는 것은 개념이다. 기호란 사물의 이름이 아니라 소리 이미지와 개념의 복합체이다. 기호의 이러한 측면을 의미하는 소리- 기표(시니피앙), 의미되는 개념- 기의(시니피에)라고 한다.

기표와 기의는 마치 동전의 양면과 같이 상호전제의 관계를 맺고 있다. 그 관계는 기호를 사용하는 개인이 변경할 수 없으므로 필연적이며, 언어공동체마다 다르므로 관습적이다. 그 필연적 관습적 관계는 일정한 시간 속에서만 가능하다. 그 관계는 시간의 흐름에 따라서 언어공동체의 구성원들에 의해 변화하므로 자의적이다. 이러한 기호들의 체계가 언어이다.

그는 먼저 언어기호와 언어활동(language)을 구별한다. 언어기호가 기호로서의 기능을 가진 성음기호라면 언어활동은 그것으로써 의사소통을 하는 인간의 능력이다. 이러한 언어활동을 랑그와 빠롤, 기표와 기의, 형식과 실체, 연합관계아 통합관계, 공시태와 통시태 등의 개념으로 설명한다.

랑그가 인간의 언어활동을 가능하게 한 이미 정해진 객관적 구조라면 빠롤은 개인이 실제로 한 말이다.

기표가 의미하는 소리라면 기의는 의미되는 개념이다.

형식과 실체에서 본다면 언어는 물리적 실체로서의 구체적인 말소리가 아니며 구체적인 언술의 총체 속에서 실현되는 추상적 형식이다.

연합관계가 기표 혹은 기의의 동일성이나 유사성에 의해서 성립되는 병렬적 관계 혹은 선택의 관계라면 통합관계는 이미 주어져 있는 언어체계가 가지는 순서에 의한 계기적 관계 혹은 결합의 관계이다.

공시태가 일정 기간 동안 동일한 언어공동체 속에서 의사소통의 도구로서 기능을 수행하고 있는 언어체계라면 통시태는 그 언어가 계기적인 시간의 축을 따라서 통시적으로 변화하는 그 언어의 역사적 변화이다.

이에 따라서 그는 언어를 실제 발화된 언술의 총체 속에서 실현되는 추상적인 형식으로 정의하고 언어학의 연구 대상으로 랑그, 통합관계, 공시태를 든다.

랑그가 개개인의 발화를 가능하게 하고 그것의 의미를 결정하는 이미 정해져 있는 추상적인 구조이므로 문학연구의 대상도 개별적인 문학적 발화나 문학작품이 아니라 그것을 가능하게 한 문학이라는 추상적 구조, 곧 문학성이다.

통합관계가 이미 주어져 있는 언어체계가 가지는 순서에 의한 계기적 관계 혹은 결합의 관계라면 문학연구의 대상도 그 단위들 언어기호, 문장, 담화, 담화보다 더 큰 단위들에 의해서 전달되는 순서나 결합관계, 곧 서사라는 보다 큰 구조이다.

공시태가 일정 기간 동안 동일한 언어공동체 속에서 의사소통의 도구로서 기능을 수행하고 있는 랑그체계라면, 문학 연구의 대상도 특정 시기에 실현된 문학성이다.

이와 같이 F.소쉬르는 언어학적 의사소통체계를 수립하고 언어를 기호들의 체계로 보면서 언어학적 연구의 대상으로 랑그, 통합관계, 공시태를 들고 있다. 그의 이러한 연구는 구조주의의 방법론적 토대[5]를 제공하고 있다.

---

5) 소쉬르의 언어이론에 대하여 T.이글턴(Eagleton)은 '현실과 역사로부터의 도피, 반휴머니스트, 부르조아 모델'이라고 비판하면서 다음과 같이 지적한다. 첫째, 소쉬르의 이론은 '기호의 지시대상들, 기호가 실제로 지칭한 사물들을 괄호로 묶어두는 것'과 같이 현실의 대상도 괄호로 묶어두고 있다. 둘째, 소쉬르는 '개별적 발언을 사회적 가치와 의도의 전 영역 안에서 서로 다른 화자와 청자들을 묶어주는 필연적으로 사회적이고 대화적인 것으로 보지 않고 그야말로

F.소쉬르의 언어학적 의사소통체계는 R.야콥슨(Jakobson)에서 다음과 같은 도식으로 체계화 된다.

도식에서처럼, 의사소통행위는 기본적으로 발신자가 메시지를 수신자에게 보내는 행위이다.

메시지는 발신자와 수신자를 결합시키는 언어형식일 뿐이지 '의미'는 아니다.

발화의 목적은 메시지의 '의미'에 있으며, 그 '의미'는 발화의 다른 요소들, 신호체계, 관련상황, 접촉에 의존한다.

메시지는 발신자와 수신자에게 친숙한 언어(신호체계)에 담겨져야 한다.

메시지는 관련상황을 지시해야 한다.

메시지는 말, 글과 같은 접촉수단에 의하여 수신자에게 접촉하여 전달된다.

발신자, 수신자, 메시지, 관련 상황(혹은 문맥), 접촉, 신호체계(혹은 규약)은 의사소통행위에서 발화를 이루는 여섯 요인들이다. 이 여섯 요인에 상응하여 언어는 서로 다른 여섯 가지 기능을 가진다.

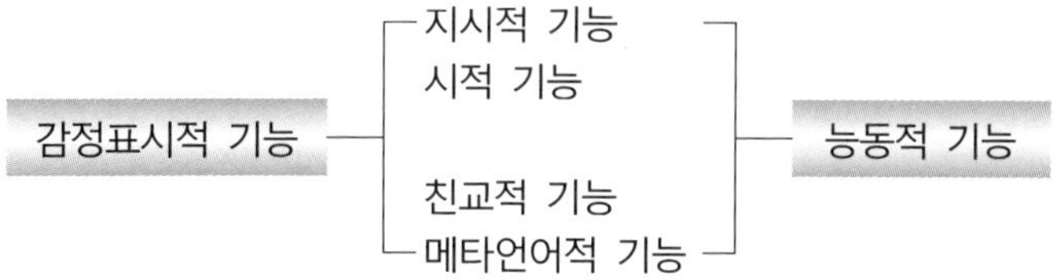

개별적인 것'으로 상정하여 사회성을 박탈하고 있다. 셋째, 소쉬르는 '개별 화자와 언어체계 전체 사이 중간항이나 매개를 인정하지 않는 부르조아 모델'로서 '한 인간이 사회의 일원일 뿐 아니라 한 여성이자 노조 직장 대표위원, 가톨릭신자, 어머니, 이주민이고 군비철폐운동가이기도 하다는 사실'을 가볍게 지나친다.

T.이글턴, 『문학이론입문』, 김명환 외 공역, 창작과 비평사, 1990, pp.116~157.

발신자에 초점이 맞추어지면 언어의 지배적인 기능은 감정표시적 기능이 된다. 감정표시적 기능 혹은 정서적 기능은 발신자의 관념과 태도를 직접적으로 표현하려는 목적을 수행한다.

수신자에게 초점이 맞추어지면 언어의 지배적인 기능은 능동적 기능이 된다. 능동적 기능은 수신자에게 반응을 일으키려는 목적을 수행하는 것으로 가장 순수한 문법적 표현이 호격과 명령법이다.

메시지에 초점이 맞추어지면, 언어의 지배적 기능은 시적 기능이 된다. 시적 기능은 메시지 그 자체가 가지고 있는 미적 기능으로서 예술작품에 있어서는 메시지는 의사전달의 도구가 아니라 그 자체가 대상이 되는 것이다.

관련상황, 곧 메시지가 전달되는 실제적 외부 상황이나 문맥에 초점이 맞추어지면 언어의 지배적 기능은 지시적 기능이 된다. 지시적 기능은 메시지와 그것이 지시하는 대상과의 관계를 규정하는 것으로 그 지시대상에 관한 검증 가능한 정보를 표현하는 인지적 혹은 외연적 기능이다.

접촉이나 접촉 수단에 초점이 맞추어지면 언어의 지배적 기능은 친교적 기능이 된다. 친교적 기능은 의사전달을 성립시키거나 중단시키거나 연장하며, 발신자와 수신자 간의 심리적, 물리적 회로가 기능을 발휘하는지 등을 수행하는 상황적 기능이다.

신호체계에 초점이 맞추어지면 언어의 지배적 기능은 메타언어적 기능이 된다. 메타언어적 기능은 발신자와 수신자가 서로 일치하는 친숙한 신호체계를 사용하고 있는지를 확인하고자 하는 기능으로서 수신자가 이해하지 못하는 기호의 의미를 규정하는 주석적 기능이다.

이러한 의사소통 행위를 구성하는 여섯 가지 요소들과 이에 따른 언어의 지배적 기능들은, 문학에서의 접촉수단이 활자 언어라는 점을 고려하면 문학적 의사소통은 다음과 같이 도식화 될 수 있다.

작가-감정표시적 기능 — 관련 상황 - 지시적 기능 / 작 품 - 시적 기능 / 신호체계 - 메타언어적 기능 — 능동적 기능 - 독자

이와 같이 R.야콥슨은 발화를 중심으로 의사소통행위를 구성하는 요소들과 이에 상응하는 언어의 지배적 기능을 결합하여 언어학적 의사소통을 체계화 한다.

이러한 발화를 중심으로 한 의사소통에서 가장 핵심적인 위치에 있는 것은 메시지이며, 그것의 지배적인 언어기능은 시적 기능이다. 의사소통이 메시지와 언어의 시적 기능에 초점을 두고 있을 때, '어떤 상황에서 누가 무엇을 왜 말하느냐'는 전혀 고려되지 않고 오직 '메시지의 언어' 그 자체만 부각된다. 더구나 메시지 자체만 부각되는 것은 글(書面)로 하는 의사소통이다. 말로 하는 의사소통에서는 그 여섯 요소들이 물리적으로 현존하지만 글로 하는 의사소통에서는 '메시지'만 현존한다.

그의 언어학적 의사소통체계는 보편적인 의사소통체계가 아니라 말로 하는 의사소통을 배제하고 글로 하는 의사소통을 체계화 한 것이다.

지금까지 살펴 본 바 언어를 기호의 하나로 보면서 언어학적 의사소통을 체계화 하려는 것은 문학기호론, 의사소통의 인문학[6] 등과 밀접한 연관을 맺고 있다.

참고문헌

권영옥, 「소쉬르 기호이론에 관한 고찰」, 『논문집 · 33』, 목원대학교, 1997, pp.245~260.
미셸 아리베, 「쟁점들 : 소쉬르 기호학의 중심에서」, 『기호학연구 · 20』, 한국기호학회,

6) 문학기호론은 텍스트의 시적, 문학적 특성에 초점을 맞춘다. 문학기호론은, 음운론적 차원에서는 운율, 율조, 리듬, 두운, 압운 등과 같은 말소리의 특성, 통사론적 차원에서는 통사론적 장치와 서술의 통사법, 의미론적 차원에서는 최소 의미단위인 모티브(motive)에 초점을 둔다. 의사소통의 인문학은 의사소통이라는 현상 속에 인문학을 다시 위치시키는 것으로서 인문학과 그것이 위치하고 있는 의사소통의 층위를 연관시키는 것이다. 언어학과 기호학은 메시지의 단순 층위에, 심리학은 발신자와 수신자의 의식 층위에, 정신분석학은 발신자와 수신자의 무의식 층위에, 사회학은 의사소통의 현상 그 자체에 위치한다.

2006, pp.143~172.
소두영, 『기호학』, 인간사랑, 1996.
이동성, 「기호, 사물, 존재」, 『동서언론 · 12』, 동서언론학회, 2009, pp.91~118.
이숭녕, 「국어음성상징론에 대하여」, 『언어 · 3-1』, 한국언어학회, 1978, pp.1~18.
전동열, 『기호학』, 연세대출판부, 2005.
황현택, 「퍼어스의 기호론과 심볼마크의 이해」, 『디자인학연구』, 한국디자인학회, 2005, pp.5~16.

B.Bartschat, 『현대 언어학 방법론』, 김한란 역, 성신여자대학교 출판부, 2001.
B.투쎙(Toussaint), 『기호학이란 무엇인가』, 윤학로 역, 청하, 1989.
C.C.콜드웰(Colwell), 『문학개론』, 을유문화사, 2004
M.H.에브람즈(Abrams), 『문학용어사전』, 최상규 역, 대방출판사, 1984.
R.스콜즈(Scholes), 『문학과 구조주의』, 위미숙 역, 새문사, 1987.
T.이글턴(Eagleton), 『문학이론입문』, 김명환 외 공역, 창작과 비평사, 1990.
U.에코(Eco), 『기호, 개념의 역사』, 김광현 역, 열린 책들, 2000.
R.Jakobson, 「언어학과 시학」, 『문학 속의 언어학』, 신문수 역, 문학과 지성사, 1989, pp.50~91.

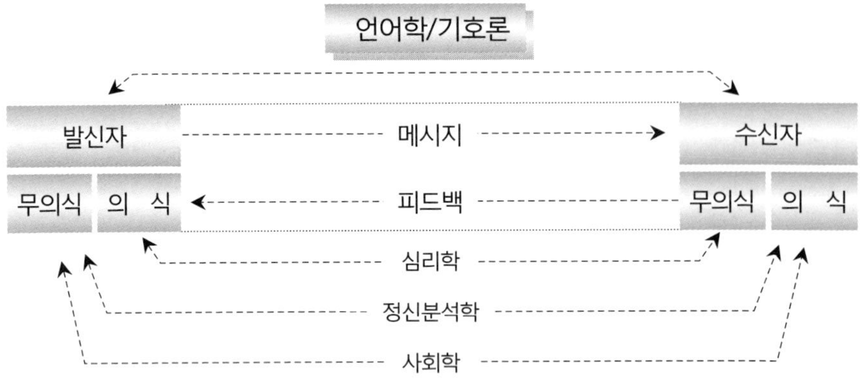

소두영, 『기호학』, 인간과 사랑, 1996, pp.229~258.
B.투쎙(Toussaint), 『기호학이란 무엇인가』, 윤학로 역, 청하, 1989, pp.160~161.

2. 의미와 의미의 해석

1) 언어의 의미와 의미론

일상 언어가 문학 언어로 변화할 때 언어의 원래 의미는 새로운 의미(내포적, 문체적, 감정적, 반영적, 배열적, 문맥적 의미)를 생성한다. 이러한 언어적 의미의 변화에 초점을 두는 것은 의미론이다.

의미론(semantics)은 언어학의 하위 갈래[1])로서 언어의 의미를 연구하는 분야이다. 의미론의 대상은 물론 의미(meaning)이다. 의미는 언어의 내용으로서, 형식인 음성과 관계를 맺고 있다. 그 관계는, '사람'이라는 의미를 언어에 따라서 [mǽn], [rén], [ひと]라는 음성으로 부르는 것과 같이, 자의적인 것이다.

의사소통의 측면에서 본다면 언어의 중심은 의미이다. 의미에는 한 언어에 관습

---

1) 언어학의 하위 갈래에는 의미론과 같이 음운론(phonology), 형태론(morphology), 통사론(syntax), 화용론(Pragmatics)이 있다.
언어의 소리 구조에 관한 연구에는 음성론과 음운론이 있다. 음성론이 사람의 소리(음성)에 관한 물리적・체계적 연구라면, 음운론은 말의 최소단위 음소가 인간의 언어에서 조직되고, 다른 언어와 차별되는지를 연구한다.
언어의 문법구조에 관한 연구에는 형태론과 통사론이 있다. 형태론이 의미를 가지는 가장 작은 언어 단위인 형태소를 연구하는 것이라면, 통사론은 단어가 구, 절, 문을 이루는 방법을 연구하는 것이다.
언어의 맥락에 관한 연구에는 화용론이 있는 바, 의사소통의 맥락 속에서 언어의 사용을 연구하는 것으로서 화자와 청자의 관계에 따라서 언어 사용이 어떻게 바뀌며, 화자의 의도와 발화의 의미가 어떻게 다를 수 있는지 등을 연구한다.

적으로 인정되는 의미, 낱말의 형태가 바뀌는 것과 같이 끊임없이 변화하는 의미가 있다. 의미론은 의미와 의미변화를 대상으로 한다.

의미에는 그것이 원래 가지고 있는 의미와 이로 인하여 생성된 의미가 있다. 원래 의미는 동일한 언어사회의 구성원들이 공통적으로 인식하고 있고 추론할 수 있는 가장 보편적 내용을 가진 사전적 의미 혹은 개념적 의미이다. 생성 의미는 특정한 문맥과 상황에서 연상되거나 언어습득과정 및 경험에 따라서 달라지는 생성된 의미이다.

쫓아오던 햇빛인데
지금 教會堂 꼭대기
十字架에 걸리었습니다.

尖塔이 저렇게도 높은데
어떻게 올라갈 수 있을까요.

鍾소리도 들려오지 않는데
휘파람이나 불며 서성거리다가

괴로웠던 사나이
幸福한 예수 그리스도에게
처럼
十字架가 許諾된다면

모가지를 드리우고
꽃처럼 붉은 피를
어두워 가는 하늘 밑에
조용히 흘리겠습니다.

윤동주의 《十字架》 전문이다. 십자가가 그리스도의 속죄와 희생을 통한 인간 구원을 뜻하는 것처럼, 인용 시편에서 '십자가'는 식민지의 비극적 현실을 자기 희생으로 초극하려는 태도를 보여준다. '십자가'의 속죄양의식은 이상의 《喀血의 아침》(제5연~끝 연)에서는 달리 나타난다.

가브리엘 天使菌(내가 가장 不世出의 그리스도라 치고)
이 殺菌劑는 마침내 肺結核의 血痰이었다(고?)

肺 속 뺑키칠한 十字架가 날이날마다 발돋움을 한다
肺 속엔 料理師 天使가 있어서 때때로 소변을 본단
말이다
나에 대해 달력의 숫자는 차츰차츰 줄어든다

네온사인은 섹소폰같이 야위었다
그리고 나의 靜脈은 휘파람같이 야위었다

하얀 天使가 나의 肺에 가벼이 노크한다
黃昏 같은 肺 속에서는 고요히 물이 끓고 있다

고무電線을 끌어다가 聖 베드로가 盜聽을 한다
그리곤 세 번이나 天使를 보고 나는 모른다고 한다
그때 닭이 홰를 친다—어엇 끓는 물을 엎지르면 야단 야단—

봄이 와서 따스한 건 地球의 아궁이에 불을 지폈기 때문이다
모두가 끓어오른다 아지랭이처럼
나만이 사금파리모양 남는다
나무들조차 끓어서 푸른 거품을 자꾸 뿜어 내고 있는데도

인용 시편에서 화자는 '폐결핵 환자'이다. 시적 화자 '폐결핵 환자'에게 세균은 '폐결핵균'이다. 화자가 스스로를 '그리스도라 친'다면, '폐결핵균'은 '가브리엘 天使菌'이고 '살균제'는 '血痰'이다. 가브리엘 천사가 성모 마리아와 세례자 요한 그리고 예수의 탄생을 예언한 하느님의 전령 혹은 죽음의 천사라면, 화자에게 '가브리엘 天

使菌'은 죽음을 상징한다. 즉, '폐결핵 환자'인 시적 화자가 스스로를 '그리스도'라고 비유한다면 그 균은 '가브리엘 天使菌' 이며 그 치료제는 '血痰'이다. 시적 화자에게 '그리스도', '가브리엘'은 죽음을 상징하는 비유이다. 이런 의미에서 '그리스도', '가브리엘'과 같은 의미 차원에 있는 '십자가'는 '폐결핵 환자'에게 '肺 속 빵키칠한 날이날마다 발돋움을 하는 十字架'이다. '십자가'는 속죄와 희생으로 인간의 생명을 구원하는 것이 아니라 '폐결핵 환자의 죽음'을 나타낸다.

십자가의 원래 의미가 '서양에서 죄인을 못 박아 죽이던 십자형의 형틀'이라면 윤동주의 '십자가'는 '예수가 모든 사람의 죄를 속죄하고 구원을 받게 하기 위하여 십자가에 못 박혀 죽은 희생, 속죄, 구원의 표상'이라는 의미로, 이상의 '십자가'는 '개체적 생명의 죽음'이라는 의미로 사용된 것이다.

이와 같이 언어의 의미와 의미변화를 다루는 의미론은 문학 언어의 의미를 밝히는 출발점이 된다.

2) 의미의 해석과 문학해석학

의미론이 문학 언어의 의미와 의미변화를 밝히는 출발점이 된다면, 해석학(Hermeneutics)은 언어의 용도와 의미를 '해석'(interpretation)하는 것이다.

해석학은 원래 성경의 주석(exegesis)이나 해석을 지칭한 것, 곧 성경 주석의 이론이다. 근세 이후 성경을 중심 대상으로 문헌학을 종교적 권위로부터 해방시키면서, 해석학은 고대 문헌에 대한 순수한 주석과 의미의 해명을 지칭하게 된 것, 곧 문헌학적 방법론이다. 이어 19세기 이후, 모든 문헌의 의미를 해석하는 원리를 공식화하는 해석의 일반 이론을 지칭하게 되고 현대에 이르러서는 언어학적, 정신과학적, 실존론적, 문화적 해석학으로 분화되기에 이른다.

해석학[2]이 해석의 과학이라면 문학해석학은 문학 해석의 과학이다. 해석학의 대

---

2) 해석의 개념을 해석학의 분야에 따라서 정의하면 다음과 같다.
첫째, 성경 주석의 해석학에서 본다면 해석이란 성경의 실제적인 주석과 이를 지배하는 규칙이나 방법 혹은 이론을 밝히는 것이다. 17세기에서부터 해석의 방법론으로서의 주석과 이를

상이 성경, 문헌, 언어, 인간 정신, 인간 존재(실존), 문화라면 문학해석학의 대상은 무엇인가?

문학해석학은 문학텍스트에 사용된 언어를 대상으로 한다. 언어로 된 체계 혹은 언어적 텍스트로 인정할 때, 모든 문학텍스트는 의미의 대상이 된다. 이때 해석이

지배하는 규칙, 방법, 이론으로서의 해석학 간의 구별이 이루어진다.
둘째, 문헌학적 해석학에서 본다면 해석이란 문헌학적 주석의 일반적인 규칙을 밝히는 것이다. 18세기 성경을 비롯한 모든 고대 문헌들이 종교적 권위로부터 해방되자, 성서 해석학은 성경 주석의 해석학 차원을 넘어서 고대 문헌학과 방법론적 관련성을 맺다. 이에 해석학은 문헌학적 주석의 일반적인 규칙들로 정의되고 성경은 그 규칙들의 여러 대상들 가운데 하나에 지나지 않게 된다.
셋째, 언어학적 해석학에서 본다면 해석이란 문헌만이 아니라 모든 텍스트를 이해하기 위한 조건들과 그 규칙들을 기술하는 것이다. 19세기 F.쉴라이어마허(Schleiermacher)는 해석학을 문학을 비롯하여 모든 문자화된 텍스트의 의미를 밝히는 원리를 공식화 하여 해석의 일반이론을 체계화 하려고 시도한다. 모든 종류의 텍스트 해석을 위한 기초로서 해석의 일반 이론을 사용하고자 하면서, 그는 해석학을 모든 종류의 텍스트를 이해하는 학문 혹은 기술로서의 일반 해석학을 정립한다.
넷째, 정신과학적 해석학에서 본다면, 해석이란 예술을 비롯한 모든 인간 정신의 산물을 인간이 체험한 것의 표현으로 보고 이해하여 그 의미를 명확하게 하는 것이다. W.딜타이(Dilthey)는 해석학을 '체험 → 표현 → 이해'의 방법론으로 정립한다. 그는 예술을 비롯하여 모든 문화는 인간 정신의 산물이며, 인간이 체험한 것을 언어로 표현한 것이다. 곧 모든 문화는 인간 체험의 표현이다. 해석학이란 이러한 인간 체험의 표현이 가지고 있는 의미를 이해하는 방법론이며, 이해에 관한 일반 이론을 수립하는 것이다. 해석학은 인간의 정신적 산물인 정신과학에 속하는 모든 형식의 텍스트를 이해할 수 있는 기반이 된다.
다섯째, 실존론적 해석학에서 본다면 해석이란 텍스트의 주석, 해석, 이해가 아니라 인간의 존재에 관한 실존적 개념이며, 해석학은 의미 이해의 해석학이 아니라 인간적 실존의 해석학이다. 이것은 M.하이데거(Heidegger)에서 시작하여 H.G.가다머(Gadamer)의 철학적 해석학으로 나아간다.
여섯째, 문화적 해석학에서 본다면 해석이란 텍스트의 주석이며, 해석학이란 신화나 환상의 배후에 있는 인간의 본질적 의미를 밝혀줄 수 있는 기호들의 집합체와 그것을 지배하는 규칙들의 이론이다. P.리꾀르(Ricoeur)는 인간의 본질을 이해하기 위한 방법론으로서 '상징, 신화 및 환상의 언어'를 해석하는 것이다. 그가 해석하고자 하는 상징은 단 하나의 의미만을 가진 기호가 아니라 다의적이고 모호한 것이기 때문에 해석학의 가장 핵심적인 대상이 된다. 그 가장 전형적인 대상이 상징적 형상들로 가득 차 있는 꿈이며, 정신분석학의 해석체계는 그 꿈의 숨겨진 의미를 드러내는 주석행위이다. 해석학은 이러한 해독의 과정이며, 해석은 겉으로 드러난 의미로부터 숨겨진 의미로 나아가는 과정이다. 따라서 해석학은 인간의 본질적인 의미를 밝혀내기 위하여 사회나 문학의 신화들과 상징들을 대상으로 하여 그 의미를 재발견하는 것이면서 현실의 우상을 파괴하고 탈신비화 하는 것이다.
R.E.팔머(Palmer), 「해석학에 대한 여섯 개의 근대적 정의」, 『해석학이란 무엇인가』, 이한우 역, 문예출판사, 1990, p.6379.

란 한 편의 완결된 언어로 된 텍스트에서 그 의미를 밝혀내는 것이다. 곧 해석은 언어를 대상으로 하여 그 언어의 의미를 밝혀내는 것이다.

문학 텍스트의 해석이 그 텍스트의 의미를 밝혀내는 것이라면, 의미란 그 의미가 가지고 있는 내용, 곧 의미 내용이다. 의미 내용은 첫째, 작가가 창작과정에서 담고자하는 의도, 둘째, 그 언어들이 형성하여 만들어진 텍스트가 형상화 하고 있는 어떤 관념체계나 의식세계, 셋째, 독자가 수용과정에서 받아들이고자 한, 받아들이고 있는, 받아들일 수 있는 관념체계나 의식세계이다. 이러한 작가, 텍스트, 독자에 이르는 전달과 수용의 소통과정에서 유일한 매개체는 언어이며, 그 의미를 밝히는 것이 해석이다.

문제는 언어의 개인성과 역사성으로 인하여 일어나는 의미변화, 그것으로 인한 해석의 보편타당성이다.

문학작품 속에 사용된 언어는 그것이 만들어진 시대, 작가 개인이 사용한 언어이지 현재 어떤 독자가 읽고 있는 언어와 동일한 것은 아니다. 예컨대 우리 고전작품에 가장 흔히 나타나는 '임(님)'은 그 현재적 의미 '사모하는 사람'이나 '연인관계'를 뜻하고 있다. 하지만 고전작품에서의 '임(님)'이 '인터넷 상에서 상대방을 가리키는 이인칭 대명사'를 뜻하지도 않고, 현재적 의미의 '임(님)'이 고전작품에서의 '임금, 군왕, 왕자'를 뜻하지도 않는다. 이러한 문제는 '역사적 재구성'에 맞닿아 있다.

언어를 도구로 사용하는 해석은 해석자 혹은 독자의 주관적 행위이므로 모든 해석은 타당성이 있다는 것이다. 이러한 논리를 받아들인다면 텍스트의 객관적인 단일 의미란 있을 수 없으며, 그 의미 자체를 부정하고 해석된 모든 의미를 상대주의나 주관주의에 빠진다. 예컨대 한용운의 『님의 침묵』에서 '님'을 결코 기독교적인 의미로 읽지 않을 것이다. 이러한 문제는 텍스트의 단일한 의미가 있다고 전제하고 해석을 그러한 의미를 밝혀내는 행위라고 한다면 해석의 보편타당성으로 해결된다.

아울러 L.파레이손(Pareyson)이 제시하고 있는 개념들을 '향수', '해석의 다양성', '판단의 유일성'을 덧붙일 수 있다. 그는 텍스트를 받아들이는 독자의 미적 향수는 수동적인 '단순한 향수'와 능동적인 '觀想'이 있다. '관상'은 텍스트의 의미를 능동적이고 적극적으로 받아들이는 정신활동으로서의 해석이다. 이에 독자가 텍스트의 의미를 받아들이는 해석은 다양한 바, '해석의 다양성'이다. 이러한 다양한 해석들 여러 번 반복과 수정을 거쳐서 하나의 보편적 객관적 판단으로 수렴되는 바, '판단의 유일성'이다. 이러한 '판단의 유일성'이 텍스트의 가치를 결정하는 것이 비평이다. 이런 의미에서 그는 '해석의 다양성'과 '판단의 유일성'을 대립시킴으로써 텍스트의 단일한 의미와 그 가치의 존재를 수락하는 것이다.

해석에 관련된 이러한 두 가지 문제는 여전히 진행형이다. 이에 관련하여 해석학과 문학비평을 결합하여 언어의 용도와 의미 문제를 탐색하는 문학 해석학자로 E.D.허쉬(Hirsch)와 G.가다머(Gadamer)를 들 수 있다.

E.D.허쉬의 가장 중요한 관심사는 해석의 타당성이다. 해석의 타당성을 해석의 객관성으로 보면서 그는 '해석의 객관성이 있으려면 의미 자체가 바뀌어서는 안 되며, 작품의 의미가 고정되어 있지 않으면 해석의 객관성이란 있을 수 없다'는 것이다. 이에 그는 작가의 의도(intention), 작품의 의미(meaning), 독자의 의의(significance)를 구별한다.

의도(intention)란 작품을 창작하면서 작가가 언어적 규범이나 관례를 통하여 표현하고자 했던 것인 바, 심리적 용어가 아니라 언어적 용어이다. 의도란 심리적 용어- 작가의 마음 속에 있는 개인적인 의미가 아니라 언어적 용어- 다른 사람들과 함께 공유할 수 있는 언어적 의미이다. 그 공유는 작가와 독자, 저자와 해석자 간의 공유이다. 이에 작가(저자)가 한 말의 의미가 그가 전달하고자 하는 의미이기 때문에 독자(해석자)는 의도를 철저히 따라가야 한다. 따라서 텍스트는 작가가 의도했던 것을 의미하며, 텍스트의 의미는 작가가 의도했던 언어적 의미이다. 의도란 해석의 기준이며, 유일한 기초이다.

의미(meaning)란 작가가 의도한 언어적 의미이다. 언어적 의미는, 언어적 규범이나 관례를 통해서 표현되기 때문에 결정적인 것이며, 다른 사람들과 공유할 수 있기 때문에 재생가능한 것이다. 곧 의미는 결정성과 재생가능성을 가지고 있다. 의미가 결정되어 있지 않으면 다른 사람들에게 전달하는 것이 불가능하다. 의미가 재생되지 않으면 그 의미를 포착할 수 없으므로 해석도 불가능하다. 이런 의미에서 텍스트의 의미는 고정적이며 바뀌지 않는다.

의의(significance)는 언어적 의미와는 달리 텍스트와 독자의 관계에 관련된 문제이다. 텍스트의 의의는 독자에게 수용된 언어적 의미이다. 독자는 개인적 취미,

가치, 신념과 동시대 사회문화적 환경 등으로 인하여 텍스트의 언어적 의미를 받아들인다. 그 언어적 의미는 텍스트의 외재적 요인에 의해서 판단되고 평가됨으로써 독자의 의의가 된다.

의도, 의미, 의의의 관계에서 본다면 이해(understanding)와 해석(interpretation), 판단(judgement)과 비평(criticism)이 구별되어야 한다. 이해는 해석자에 의한 의미의 구성이며, 해석은 이해의 설명이다. 판단은 해석을 텍스트의 외재적 요소들로 평가하는 것이며, 비평은 텍스트와 그 밖의 다른 것들 간의 관계를 해석하는 판단 행위이다. 이해와 해석의 대상은 의미인 반면 판단과 비평의 대상은 의의이다.

G.가다머(Gadamer)의 가장 중요한 관심사는 해석학적 순환(the hermeneutic circle)이다. 그는 이해와 해석을 동일한 것, 곧 해석적 이해로 보면서 그 조건으로 선이해(Vorverstandnis), 선입견(Vormeinung) 혹은 선판단(Vorurteil), 영향사(Wirkungsgechichte), 지평(Horizont)으로 설명하고 있다.

선이해(Vorverstandnis), 선입견(Vormeinung), 선판단(Vorurteil)은 이해의 역사성으로 설명된다. 이해란 해석자의 주관적 행위나 현재 및 미래에 분리된 과거가 아니라 텍스트와 해석자 간의 대화이며, 과거, 현재, 미래의 시간 속에서 이루어지는 역사적 행위이다. 이해는 텍스트가 형성하고 있는 세계를 밝혀내는 것이 아니라 현재에 결부된 세계와 그 의미를 밝혀내는 것이므로 텍스트와 해석자 간의 대화이다. 텍스트는 그 역사적 전통으로부터 자유롭지 못하고, 그 이해도 역사적 전승과 맥락 속에서 이루어지며, 해석자도 사회역사적 맥락 속에 놓여 있기 때문에 모든 이해는 역사적으로 축적된 것이며 필연적으로 편견적인 것이다.

선입견(Vormeinung) 혹은 선판단(Vorurteil)은 해석자가 역사적으로 전승된 해석을 자기의 것으로 만들어서 축적한 지식과 이에 따른 판단을 뜻한다. 역사적으로 축적된 것이기 때문에, 이해는 선입견 혹은 선판단이 역사적으로 축적된 결과이다. 그 축적의 원인은 권위와 전통이다. 권위란 맹목적인 복종이 아니라 이성적인 인정이다. 그 인정은 타자의 위대한 능력과 나의 한계를 자각하는 것이며, 그 대표적인 형식이 전통이다. 전통은 그 자체의 고유한 권위를 보유하고 있을 뿐만 아니라 새로운 것과 결합하여 새로운 권위를 보유하게 된다. 선입견 혹은 선판단에 의한 선이해는 텍스트가 처해 있는 해석학적 상황, 곧 현재와 관련하여 새로운 이해를 만든다. 텍스트의 의미는 과거에 보여주었던 것을 현재와 관련하여 생성되는 것이다. 이런 의미에서 이해는 과거와 현재 간의 대화이며, 그것들의 상호작용 속에서 이루어진다.

영향사(Wirkungsgechichte)란 텍스트의 이해가 역사의 영향으로부터 벗어날 수 없으며, 영향사 의식이란 (전승) 텍스트를 현재의 시각에서 이해하려는 의식이다. 현재란 텍스트의 해석학적 상황이다. 그 상황에는 개인적, 역사적 지평이 놓여 있다. 지평은 어떠한 시점에서 볼 수 있는 시각이므로, 해석학적 상황은 전통의 역사적 지평 속에 있는 개인의 지평을 나타낸다. 곧 해석학적 상황은 전통이 가지고 있는 역사적 지평과 개인적 지평을 동시에 나타낸다. 해석학적 상황에서 개인은 역사적 지평을 현재의 주관적인 것으로 환원시키는 것이 아니라 그것을 매개로 하여 개인적 지평이 확장되도록 하는 것이다. 이런 의미에서 이해란 개인적 지평과 역사적 지평 사이에 일어나는 지평의 융합이다.

선이해, 선입견 혹은 선판단, 영향사, 지평의 개념에서 본다면 해석학적 순환은 이해의 역사성이다. 이해의 역사성이란 해석자가 역사적 과거와 텍스트 간의 의미연관을 이해하는 것이면서 이해 그 자체가 역사적 사건을 일어나고 전승된다는 것이다. 이때 이해는 텍스트 그 자체의 의미를, 현재의 시점에 관련한 의미를 이해한다는 것이다.

지금까지 살펴 본 바 의미의 해석에 관한 E.D.허쉬와 G.가다머는 객관주의와 역사주의를 대표한다. 그 실례로 《님의 침묵》의 의미를 살펴보자.

> 님은 갔습니다. 아아 사랑하는 나의 님은 갔습니다
> 푸른 산 빛을 깨치고 단풍나무 숲을 향하야 난 적은 길을 걸어서 참어 떨치고 갔습니다.
> 黃金의 꽃같이 굳고 빛나든 옛 맹서는 차디찬 티끌이 되어서 한숨의 미풍에 날러 갔습니다.
> 날카로운 첫 〈키쓰〉의 追憶은 나의 運命의 指針을 돌려 놓고 뒷거름 처서 사라졌습니다.
> 나는 향기로운 님의 말소리에 귀먹고 꽃다운 님의 일굴에 눈멀었습니다.

> 사랑도 사람의 일이라 만날 때에 미리 떠날 것을 염려하고 경계하지 아니한 것은 아니지만 이별은 뜻밖의 일이 되고 놀란 가슴은 새로운 슬픔에 터집니다.
>
> 그러나 이별을 쓸데없는 눈물의 源泉을 만들고 마는 것은 스스로 사랑을 깨치는 것인줄 아는 까닭에 걷잡을 수 없는 슬픔의 힘을 옮겨서 새 希望의 정수박이에 들어부었습니다.
>
> 우리는 만날 때에 떠날 것을 염려하는 것과 같이 떠날 때에 다시 만날 것을 믿습니다.
>
> 아아 님은 갔지마는 나는 님을 보내지 아니하였습니다.
>
> 제 곡조를 못이기는 사랑의 노래는 님의 沈默을 휩싸고 돕니다.

E.D.허쉬에게 텍스트의 의미는 저자의 의도된 의미이다. 인용 시편《님의 침묵》의 의미가 시인의 의도된 의미라면, 시인의 의도가 먼저 밝혀져야 한다. 만해 연구자들은 대체로 「군말」을《님의 침묵》의 의미를 이해가 위한 출발점으로 삼는다. 「군말」에 나타난 '님'의 의도가《님의 침묵》에서 '님'의 의미이다.

> 〈님〉만이 님이 아니라 기룬 것은 다 님이다. 衆生이 釋迦의 님이라면 철학은 칸트의 님이다. 薔薇花의 님이 봄비라면 마티니의 님은 이태리다. 님은 내가 사랑할 뿐 아니라 나를 사랑하느리라.
>
> 연애가 자유라면 님도 자유일 것이다.
>
> 그러나 너희는 이름 좋은 자유의 알뜰한 拘束을 받지 않느냐. 너에게도 님이 있느냐. 있다면 님이 아니라 너의 그림자이니라.
>
> 나는 해 저문 벌판에서 돌아가는 길을 잃고 헤매는 어린 洋이 기루어서 이 詩를 쓴다.

「군말」에서 '님'을 '애정의 대상', '석가', '조국'으로 본다면《님의 침묵》을 '당시의 연애지상주의자의 그릇된 사고를 비판하고 그것을 시정하려는 남녀 간의 애정의 규범'을, '절대자로서 부처의 부재'를, '일제에 억압되어 있는 조국의 침묵'으로 보는 것이다.

「군말」에서 '님'을 '애정의 대상', '석가', '조국'으로 보는 것은 '님'의 언어적 의미가 아니라 시인의 마음 속에 내재해 있다고 보는 심리적 의미를 추론한 것이다.

《님의 침묵》을 '남녀 간의 애정', '절대자로서의 부처의 부재', '조국의 부재'로 보는 것은 텍스트의 의미가 아니라 연구자에게 수용된 텍스트의 언어적 의미, 곧 의의이다. 연구자는 '애정지상주의', '불교', '식민지 상황' 등 외재적 기준으로 텍스트의 언어적 의미를 받아들이고 판단, 평가한 것이다.

시인의 의도는 「군말」의 언어적 의미이며, 《님의 침묵》의 의미는 시인이 「군말」에서 의도한 언어적 의미이다. 그 의미를 밝혀내는 것이 해석학의 과제이다.

G.가다머에게 의미란 해석학적 순환이다. 《님의 침묵》을 '애정시, 불교적 시, 저항시'로 이해한다는 것은 그 작품의 모든 부분이 '애정적인 것, 불교적인 것, 저항적인 것'의 의미를 가지고 있는 것으로 이해한 결과이며, 역으로 작품 전체를 '애정시, 불교적인 시, 저항시'로 이해하니까 그 부분들도 '애정적인 것, 불교적인 것, 저항적인 것'의 의미를 가진 것으로 이해된 결과이다.

참고문헌

김종현, 「의미연구의 방법과 과제」, 『논문집 · 8』, 청주교육대학교 교육대학원, 2004, pp.1~55.

김혜니, 「문학 해석학 비평」, 『(외재적) 비평문학의 이론과 실제』, 푸른 사상, 2005, pp.274~326.

유형식, 「가다머- 이해의 문제」, 『뷔히너와 현대문학 · 22』, 한국뷔히너학회, 2004, pp.279~308.

윤평현, 『국어의미론』, 역락, 2008

이기언, 「해석학적 순환에 대하여」, 『불어불문학연구 · 74』, 한국불어불문학회, 2008, pp.273~318.

이상섭, 「문학의 언어와 그 해석문제」, 『문학이란 무엇인가』, 김현/김주현 편, 문학과 지성사,1976, pp.86~113.

D.C.호이(Hoy), 『해석학과 문학비평』, 이경순 역, 문학과 지성사, 1988.

I.A.리챠즈(Richards), 『문예비평의 원리』, 김영수 역, 현암사, 1977.

K.M.보그달(Bogdal), 『새로운 문학 이론의 흐름』, 문학과 지성사, 1997.
M.메이어(Meyer), 『언어와 문학 : 의미에 관한 시론』, 이영훈, 진종화 역, 고려대학교 출판부, 2004.
R.E.팔머(Palmer), 『해석학이란 무엇인가』, 이한우 역, 문예출판사, 1990.
U.에코(Eco), 「루이지 파레이손의 미학에서의 형식과 해석」, 『열린 예술작품』, 조형준 역, 새물결, 2006, pp.285~298.

V. 문학텍스트의 외적 구조와 외재적 접근

1. 전기와 전기비평
2. 심리와 심리주의비평
3. 상부구조와 문학정신사
4. 하부구조와 문학사회학
5. 종합 및 상호비판

1. 전기와 전기비평

1) 전기와 문학

전기(傳記, biography)란, 한 사람의 생애를 기록한 것이다. 이러한 전기와 문학 간의 관계 문제는 실제 전기적 사실과 작품 자체가 제시하는 전기적 내용 간의 관련양상이다.

그 관련 양상은 19세기 실증주의에서 작가와 작품 간의 인과론적 관계로 확립된다. 실제 전기적 사실과 작품 자체가 제시하는 전기적 내용 간의 관계를 동일한 것으로, 전기와 작품을 인과관계로 전제하여 작가의 전기적 정보들, 이를테면 출생배경, 성장과정, 생애 동안의 체험, 정신적 성향 등을 통하여 작품의 의미를 이해한다. 예컨대 '머슴, 공사장 인부, 나무장수, 잡부 심지어 승려'가 되기도 했던 연대기적 삶의 체험 때문에 최서해의 소설들은 '1920년대 식민지 조선민의 처참한 현실을 민족적 고통으로 승화시켰다'는 것이다. 이러한 예는 이육사가 독립운동을 했기 때문에 그의 시가 저항시라는 논리와 마찬가지다. 독립운동은 저항시의 원인이 아니라 그 외적 증거의 하나가 될 수 있을 뿐이다.

미국 신비평(New Criticism)에 이르러서 전기와 작품의 인과론적 관계는 전기적 오류(biographical fallacy) 혹은 의도의 오류(intentional fallacy)로 명명된다. 그 최초의 명명자 M.C.비어즐리(Beardsley), W.K.윔저트(Wimsatt)를 비롯한 신비평가들은 작품을 역사의 한 순간에 완결되는 하나의 언어체계로 볼 뿐이다. 작가의 특수한 언어 사용이나 특별한 사적인 의도에 의해서 만들어졌음에도 불구하고, 그 언어체계는 당시 언어의 사회적 문화적 관습에 따라서 해석되고 평가되어져야 한다. 더구나 작가가 자기의 예술적 지향성을 진술하고 있는 경우에도 그 진술이 작품의 의미를 결정하는 것이 아니라 하나의 가설을 위한 근거가 될 수도 있을 뿐이다.

예컨대 정인보는 시조 《慈母思》 연작 40편을 다음과 같이 발표한다,

> 내 〈생양가〉 어머니 두 분이 다 거룩한 어머니다. 한 분은 月城 李氏 (…) 한 분은 나를 낳은 어머니 大邱 徐氏 (…) 生 어머니는 높고 (養) 어머니는 크다. (…) 이 時調는 병인년 가을에 지었다. 옛날 효자는 설으면 洞簫 속에 피가 하나더라는데 내 이 時調는 설음도 얼마 보이지 못하였거니 피 한방울인들 묻었으리요마는 효도야 못하였을망정 설음은 설음이다. 어머니 일을 적고 내 時調를 그 아래 쓰니 時調는 오히려 〈의지〉가 있는 것 같다.

[1]
가을은 그 가을이 바람불고 입〈드〉는데
가신 님 어이하여 돌오실 줄 모르는가
〈살뜰〉이 기르신 아이 옷〈품〉준 아소서.

인용에서와 같이 시조 《慈母思》는 '어머니(생모 大邱 徐氏와 양모 月城 李氏)의 일을 적고 그 아래 쓴' 시조이다. '어머니의 일'은 시조《慈母思》의 창작 동기와 의도를 밝혀놓은 것이다. 그는 시조 《慈母思》의 의도를 '효도', '설음'이라고 스스로 밝히고 있다. 그가 의도한 '효도', '설음'은 시조 《慈母思》의 의미가 아니라 그 의미를 해석하기 위한 하나의 가설적인 근거에 지나지 않는다. 이를 근거로 하여 그 작품의 의미를 '자기 조상, 가족들, 부모, 자녀, 친척 심지어 유모까지도 끄집어 내어 칭찬하는 말로 채워 놓은 자서전'(김태준)/'민족주의의 시정신'(홍효민)으로 규정하기도 한다.

이러한 실례와 같이 작가가 창작집의 서문이나 발문 혹은 자기 해설에서 스스로 밝혀 놓은 예술적 지향성, 언어관, 문학관, 사회관 등은 작품의 의미를 이해하기 위

한 하나의 참고사항에 지나지 않는다.

저자의 의도가 텍스트의 해석학적 가설을 위한 근거가 될 수 있다는 논리마저 부정하는 위치에 R.바르트(Barthes)를 비롯한 후기구조주의 혹은 해체주의의 '저자의 죽음'이 있다.

'저자의 죽음'은 이미 개인적인 발화인 빠롤을 보편적인 체계인 랑그의 산물로 취급하는 것에서부터 이미 시작된 것이다. 빠롤의 개인적 주체인 저자는 텍스트의 랑그체계와는 전혀 관련이 없다. 텍스트는 그것을 생산한 저자의 의미를 담고 있지 못하며, 독자의 읽기를 통해서 의미를 산출할 뿐이다. 예컨대 『파우스트』는 독자 이윤택에게는 『청바지를 입은 파우스트』일 뿐이며, 메피스토펠레스는 '현실에 뜻을 잃고 순간적으로 쾌락과 허무 사이를 오가는 낭만적 지식인'이며, 그레첸은 젊고 순수한 여인이 아니라 '늙고 타락한 여인'일 뿐이다. 저자는 생산자로서의 권위있는 주체나 자율적인 주체가 아니라 독자의 자유로운 해석행위를 제한하여 텍스트의 의미를 방해한다.

'저자의 죽음'은 작가와 텍스트 간의 관계뿐만 아니라 그것이 생산되고 그 성격이 결정되는 역사적 현실과 텍스트 간의 관계를 부정한다. 이럴 경우, 텍스트는 '영혼이 없는 사물' 이 되며, 텍스트의 의미도 독서하는 시간이 다른 독자들에게 언제나 흘러갈 뿐, 곧 탈의미화 될 뿐이다.

이를 '부조리주의적인 폭력행위'라고 하면서 J.할페린(Halperin)은 텍스트의 의미는 저자의 의미이며, 독자에 의해 공유될 수 있는 의미라고 한다. 그 공유의 수단이 언어이다. 언어는 작가의 의도를 담고 있는 것이며, 그 의도를 독자에게 전달하는 매개가 된다. 작품을 쓸 때 작가는 언어를 통하여 어떤 것을 말하기를 의도하며, 무언가를 의미한다. 작품을 읽을 때, 독자는 그 언어를 통하여 작가의 의도 속에 반영되어 있는 작품의 문화적 맥락을 읽고 이해한다.

전기는 텍스트가 생산되고 그 성격이 결정되는 역사적 전기적 환경이다. 이러한 전기에 의하여 텍스트와 그 문화적 맥락이 독자의 이해에 도움이 된다. 이런 의미에서 '저자의 죽음'에 이어서 '저자의 부활'이 자리잡는다.

예컨대 정인보의 시조《慈母思》의 창작 의도는 '어머니에 대한 효도'와 '어머니를 잃고 효도를 다 하지 못한 설음'을 '님'과 '님의 잃음에 대한 설음'으로 표현한 1925

년에 발표한 작품이다. 1925년의 역사적 환경에서 본다면 당시 한국문학의 특징적인 현상의 하나로 '식민지 조선, 조선민족'을 '님'의 형상으로 표현하고 있다. 작품의 창작 의도와 역사적 환경에서 본다면 정인보의 '어머니'는 시조《慈母思》의 '님'으로 표현되면서, 그 '님'은 동시대 '식민지 조선, 조선민족'을 상징하는 사회문화적 맥락 속에 있다. 이에 시조《慈母思》의 '님'은 '식민지 조선이나 조선민족을 돌아가신 어머니에 대한 그리움으로 치환해 형상화 한 것'이다.

2) 문학 전기

전기와 문학 간의 관계에 있어서 선행되어야 하는 것은 문학 전기와 전기비평을 구별하는 것이다.

문학 전기는 18세기 성립된 장르로서의 전기문학(biography)[1]이다. 전기문학은 특정한 개인의 생애에 대한 작가의 개인적인 관심을 구체적인 서사로 드러내는 문학적 서술양식이다. 그 양식은 장르로서의 성립된 근대 이전과 이후로 구별된다.

근대 이전, 전기는 위대한 성인이나 현인, 권력자, 지도자 등의 삶을 형상화 하여 동시대 본 받을 만한 가치가 있거나 선례가 되는 삶의 모습을 하나의 모범으로 보여주고자 한 것이다. 이런 의미에서 전기는 전형성을 가진다. 그 전형성으로 인하

1) 傳記文學은 傳奇文學과 전혀 다르다. 傳記가 한 사람의 생애를 담고 있다면 傳奇는 기이한 사실을 담고 있다. 傳奇는 '作意好奇'(창작 의도가 기이한 것을 좋아한다.)에서 붙은 명칭으로서 중국 당대, 송대에 문어체로 씌어진 단편소설을 가리킨다. 간혹 傳奇를 南曲(원나라 말기에 절강성 항주를 중심으로 발달한 희곡)이라고 칭하는 것은 傳奇가 南曲의 악보를 이용하여 이루지기 때문이다. 傳奇는 내용에 관련된 명칭이다.
한국문학에서 傳奇는 당나라와 교류를 하던 삼국시대의 설화에 등장한다. 온달의 시신이 움직이지 않다가 평강공주의 위로를 받고서야 비로소 땅에서 떨어졌다고 하는《온달전》이 대표적인 실례이다. 이러한 전기소설의 효시가 김시습의『금오신화』이다.《만복사저포기》,《이생규장전》은 인간과 인간의 환신과의 사랑 이야기를,《취유부벽정기》는 현세의 인간과 과거의 인간 간의 이야기를,《남염부주지》는 현세의 인간과 염라대왕 간의 이야기를,《용궁부연록》은 현세의 인간과 용왕 간의 이야기를 담고 있다. 이러한 현실 금기적인 전기는 현대소설에서도 널리 취급된다. 복거일의 장편소설《파란 달 아래》는 인간과 로봇 간의 사랑을, 사이버 소설《천군》은 현재 대한민국의 문제를 해결하기 위하여 임진왜란 시기로 되돌아가서 과거로부터 개혁을 시작한다는 이야기를 담고 있다.

여 전기는 동시대 지배적인 규범을 충족시키고 사회적인 구속력을 가진다.

전기의 이러한 전형성은 18세기 근대사회에 이르러서 사라진다. 근대사회는 민주주의, 자본주의, 개인주의를 바탕으로 한 사회구조 자체가 구속력을 지니고 있으므로 근대적 전기는 '선례와 모범의 삶'을 시민 개인의 삶으로 되돌려 준다. 근대 전기는 개인의 일상생활을 작가의 개인적 관점에서 형상화 한다. 전기 작가가 대상 인물을 중립적인 입장에서가 아니라 개인적 관점에서 해석하는 것은 널리 인정된 것이다.

전기에는 자서전(autobiography), 회고록(memoir) 혹은 회상록(reminiscence), 평전(critical biography), 열전(series of biographies) 등이 있다.

자서전은 작가와 대상 인물이 일치하는 전기로서 자기의 일생을 쓴 전기이며, 김학철의 『최후의 분대장』(1995), 시인 조병화의 『시로 쓰는 자서전』(1991), 문학평론가 이철범의 『압록강의 눈보라』(1979) 등등이 있다.

회고록도 작가와 대상 인물이 일치하는 전기이지만, 생애 전체를 대상으로 하는 것이 아니라 역사적 사건에 직간접적으로 참여하거나 목격한 사람으로서 그 사건의 체험담이나 진실을 밝혀내고자 하는 전기이다. 예컨대 연출가 이원경의 『공수래 공수거』(2005), 소설가 손소희의 『한국문단인간사』(1980), 재러 문학평론가 정상진의 『아무르만에서 부르는 백조의 노래』(2005) 등등이 있다.

평전은 전기 작가가 대상 인물에 관한 자료를 선정하고 해석한 비평적 전기로서 이일기 편, 『말 달리던 선구자』(1981), 고은의 『한용운 평전』(1975), 유민영의 『이해랑 평전』(1999) 등등이 있다.

열전은, 예컨대 『삼국사기』의 「열전」과 같이 왕조의 역사를 기록하면서 왕을 제외하고 당시 지도적인 위치에 있거나 후세에 귀감이 될 수 있는 사람들의 일생이나 업적, 행적 등을 정리한 전기이다.

전기의 이러한 유형들은 기록문학을 상위 장르로서 하는 전기문학이지만 특히 자서전은 자전 문학 혹은 고백문학[2]과 장르 구별의 혼란을 일으키기도 한다.

---

2) 자서전과 자전 문학 혹은 고백문학 간의 장르 구별은 그 상위 개념인 기록문학과 창작 문학 간의 차이점에서 보다 분명히 드러난다. 자서전이 '사실'(non fiction)을 지배적인 구조요소로 하는 기록문학의 하위 장르라면, 자전 문학이나 고백문학은 '허구'(fiction)을 지배적인 구조요

3) 전기비평

전기비평은, 문학 전기와는 달리, 문학의 기초적 연구이면서 외재적 연구의 방법론이다. 전기비평은 대상이 되는 인물의 개인적 삶에 대한 성찰이면서 그 삶이 내재하고 있는 역사적, 사회문화적 의미를 밝혀내거나 부여하는 방법론적 탐색의 과정이다.

소로 하는 창작문학의 하위 장르이다. 기록문학(documentary literature)은 개인적 경험의 '사실성'과 '기록성'을 기본 구조요소로 하고 있다. 이런 의미에서 개인의 생애를 소재로 하는 전기와 자기 자신의 생애를 소재로 하는 자서전은 기록문학의 하위 장르이다. 전기와 자서전은 사회적 사실에 바탕을 두고 사회현상을 기록하고 그 의미를 비판하여 보고하는 르포르타주문학(reportage)과는 다르다.

자기 자신을 이야기한다는 의미에서 자서전은 자전 소설들 문학, 예컨대 사소설, 고백소설, 신변소설, 일인칭고백자시점의 소설 등과 장르적 속성이 겹친다. 사소설은 작가가 작품 속의 주인공으로서 자신을 드러내어 서술하는 것이며, 고백소설은 작가가 자신의 일상세계이나 내면세계를 반성적으로 드러내어 서술하는 것이며, 신변소설은 사회 현실이나 객관적인 상황을 배제하고 작가 개인의 일상적인 신변 이야기를 서술하는 것이며, 일인칭고백자시점의 소설은 작가가 자기의 행동과 그 내면적 세계를 이야기하는 것이다.

작가가 자기 자신을 이야기한다는 의미에서 자서전과 자전 소설들은 장르적 속성을 공유하고 있다. '실존하는 인물이 자기 자신의 존재, 특히 자신의 구체적인 인생과 인간성의 역사를 회고적으로 이야기 하는 산문 서사'라고 정의하면서 P.르죈(Lejeune)은 자서전의 4 가지 조건을 제시한다. ① 언어형태에 있어서 이야기와 산문, ② 주제에 있어서 개인의 생애와 인성의 역사, ③ 작가의 상황에 있어서 작가와 화자의 동일성, ④ 화자의 상황에 있어서 화자와 주인공의 동일성, 화자의 과거회상형 어조가 그것이다. 이러한 조건에서 본다면 자전 소설들은 '③ 작가의 상황에 있어서 작가와 화자의 동일성'을 이루지 못한다. 단지 독자가 스스로 주인공과 동일시하면서 작가와 화자 및 주인공을 동일 인물로 착각할 뿐이다.

류은희, 「자서전의 장르 규정과 그 문제」, 『독일문학 · 84』, 한국독어독문학회, 2002, pp.323~347.

박 령, 「문학 전기의 비평적 논의 연구」, 『새한영어영문학 · 41』, 새한영어영문학회, 1999, pp.95~116.

윤 진, 「진실의 허구 혹은 허구의 진실」, 『프랑스어문교육 · 7』, 한국프랑스어문교육학회, 1977, pp.261~282.

이유생, 「전기 연구의 이론과 현대적 의미」, 『영미어문학 · 78』, 한국영미어문학회, 2006, pp.139~159.

최경도, 「자서전 연구의 성격과 전망」, 『영미문학교육 · 12-1』, 한국영미문학교육학회, 2008, pp.129~145.

방법론으로서의 전기비평은 양적 연구가 아니라 질적 연구[3]이다. 질적 연구로서 전기비평은 특정한 인간 사회와 문화 속에 있는 대상 인물의 주관적인 관점에 집중하는 문화기술적 연구(ethnography research)를 지배적인 방법론으로 현장연구, 참여관찰 등을 보조적인 연구로 선택한다. 전기비평은 먼저 문화기술적 연구에 의하여 특정한 인간 사회 및 문화의 다양한 집단과 현상을 재구성하고 그 재구성 속에서 대상 인물의 신념, 가치, 습관, 지식, 행동도 재구성하여 삶에 대한 관점, 태도, 비전을 파악하고자 한다. 이런 의미에서 전기 비평은 개인적 삶과 그 역사적 문화적 의미를 탐구하는 것이다.

이러한 전기비평의 방법론에는, 대상 인물의 사고와 작품을 구성하고 있는 철학적 사상적 배경을 연구하는 철학적 연구, 그 인물의 출생과 성장과정을 연구하는 심리학적 연구, 그 인물의 생애가 담고 있는 실제 세계의 반영이나 현실의 양식을 연구하는 사회학적 연구 등등이 있다.

이에 L.에델(Edel)은 전기비평을 인간성 및 다른 사항에 대한 과학적 위치와 인간정신의 정신을 이해하는 과정이라고 하면서 그 유형을 포괄적 연대기, 문학적 초상화, 유기적 전기로 나눈다.

포괄적 연대기(chronicle compendium)란 작가에 관계되는 자료를 전부 무비판적으로 수용하여 그것을 연대에 따라서 제시하는 것이다. 작가론이나 작품집 등에 있어서 연구배경으로 약술하는 '작가의 생애'나 '문학 활동', 그 말미에 제시하는 '작가 연보', 혹은 '작품 연보' 등이 그 대표적인 사례이다. 이러한 방법에 있어서, 장점은 선후배 작가와의 영향관계를 밝혀낼 수 있는 근거를 찾아낼 수 있는 반면,

---

3) 양적 연구와 질적 연구를 문학연구의 관점으로 빌려온다면 다음과 같은 차이점이 있을 것 같다. 양적 연구의 목적이 작가와 작품의 인과관계, 일반적인 법칙과 예언을 탐색하는 것이라면 질적 연구의 목적은 작가의 행동의 이면에 있는 관념, 신념, 정서, 감정 등을 이해하는 것에 있다. 양적 연구가 작가의 개인적 신념과는 별도로 객관적 실재를 가진 문학적 사실이 있다고 가정한다면 질적 연구는 문학적 사실이 작가 개인이나 집단이 문학작품을 생산하는 과정을 거쳐서 사회적으로 구성되어지는 것으로 가정한다. 양적 연구가 실증적으로 확인할 수 있는 객관적인 자료에 초점을 둔다면, 질적 연구는 객관적인 자료의 언어와 표현의 문맥에 초점을 둔다. 양적 연구는 자료의 신뢰성을 강조하는 반면 질적 연구는 자료의 타당성을 강조한다. 양적 연구가 외부인의 관점에서 비평가의 가치중립성을 강조한다면 질적 연구는 내부인의 관점에서 비평가의 가치관이 개입되는 것을 필연적이라고 본다.
허승희 외, 『질적 연구방법과 설계』, 문음사, 2001.

단점은 증거의 진실성과 신뢰성을 확보할 수 없는 것이다.

문학적 초상화(literary portrait)란 문학에 상관되는 자료들만 간추리고 이러한 자료들의 연결에 의해 작가를 새로운 모습으로 부각시키는 전기연구이다. 이 방법은 작가와 작품이 동일시되며 인성에 관계되는 자료가 많이 쓰인다. 아울러 작품이 작가의 초상을 위한 자료로 쓰이는 것이기 때문에 작품의 성과보다는 작가의 인간적 특성을 더 중시하는 경향이 있다.

유기적 전기(organic biography) 혹은 비평적 전기(critical biography)는 예술가로서의 작가, 문학자로서의 문학적 특성을 발견하기 위해서 모든 전기 자료를 비판적으로 선택하고 작가의 신비를 밝혀내는 것이다. 이때, 모든 자료는 외적 증거 이상의 의미는 없으며, 작품 속의 증거- 내적 증거를 만났을 때만 그 가치가 있다. 이것은 작품의 해명을 전제로 한 작가연구, 또는 작품을 통한 작가연구라는 객관성을 획득하는 방법이 되지만 외적 증거를 믿을 수 있다는 보장이 없다.

전기비평의 이러한 방법론적 유형에서 가장 문제가 되는 것은 전기적 사실의 진실성과 신뢰성 문제이다. 그 전기적 사실이 특히 일제 강점기 근대문학의 친일성/항일성에 관련될 경우에 문제의 심각성이 있다.

예컨대 향파 이주홍 문학의 항일성에 대한 근거를 비평가들은 그의 자서전『뒷골목의 낙서』에서 찾고 있다.

> 일본의 광도서 교포친구들과 그곳 공회당을 빌려 했던 것으로, 각본은 물론 내가 쓴 것이었으나 내용도 제목도 지금은 까맣고, 내 기억 속에 남아 있는 것으로는 연기 도중에 가발의 수염이 떨어져서 웃음을 샀던 일과 내용이 불온하다 해서 임석경관이 광도에서 떠나라고 추방명령을 했던 두 가지 일이 있을 뿐이다. (…)
>
> 그 때는 일본 히로시마에서 교포교육을 위한 사립학교 근영학원에서 아이들을 가르치고 있었을 적이었다. 나는 신춘문예에 응모하기 전에도 의종인 안의범 형이 다니던 광도고사의 우리나라 학생그룹이 내는 잡지에 소설을 한 편 얻어 실은 적이 있었으나, 그것은 어느 쪽이냐 하면 다다 같은 다분히 난해한 내용의 소설이었다. (…)

> 드디어 나는 행장을 챙겨들고 현해탄을 건너 서울로 갔다. 학원의 일이 마음에 걸리기는 했지만 그것은 나 아니라도 남이 대신해서 할 수 있는 일이었던 것이었다.

인용에서 항일성의 절대적이고 유일한 근거는 '내용의 불온'이다. '내용의 불온'의 지적을 받은 시기는 한국 유학생을 사상범으로 대량 근거한 1928년이며, 그 기준은 당시 치안유지법을 비롯한 사상통제체제이다. '각본을 쓴' 작가가 '내용도 제목도 까맣고'한 전기적 사실을 신뢰할 수는 없을 것이다. '내용의 불온'과 '추방명령', '현해탄을 건너 서울로 간' 것 사이에는 자료적 근거가 없다. 오히려 '내용의 불온'은 '학예회의 여흥을 경찰 금지-선전 삐라까지 무리 압수, 이유는 사상이 불온하다고' 하는 당시 신문기사에서 본다면 매우 임의적이고 자의적이다.

이와 같이 L.에델(Edel)은 전기비평에서 제기되는 문제점을 첫째, 실제 전기적 사실과 허구적인 상상력을 어떻게 결합시킬 것인가, 둘째, 과거에 실제로 살았던 인간의 삶의 진실을 재현하는 것이 가능한 것인가, 셋째, 전기 작가가 전기 대상에 대해서 어떤 관계를 가질 것인가, 넷째, 전기적 사실이나 제재의 선별을 어떻게 할 것인가로 들고 있다.

첫째의 경우, 전기적 자료의 취사선택의 문제인 바 그 기준은 진실성과 신뢰성이다. 둘째의 경우, 전기 비평가가 대상 인물의 내면적인 삶, 숨겨진 정체성이나 실제 그대로의 삶을 재현할 수 없으므로 전기와 인간의 삶 그 자체의 한계이다. 셋째의 경우, 전기 비평가는 대상 인물의 주관적 관점을 드러내기 위하여 중립적인 거리, 공감과 숙고의 태도를 가져야 한다. 중립적인 거리란 전기 비평가와 대상 인물 간의 객관적 거리이면서 어떤 이론이나 가설, 편견을 가지지 않고 있는 그대로의 삶을 받아들이는 태도이다. 공감과 숙고는 대상 인물의 관점, 행동, 세계관 등을 전기 비평가의 주관적 관점으로 해석하지 않고 타자의 관점으로 그대로 이해하는 태도이다.

전기비평의 궁극적인 목적은 개인의 개성과 삶에 대한 이해를 통하여 작품의 의미를 보다 더 명료하게 밝혀내는 것이다. 전기는 작품이나 작가 이해의 기초를 제공해 주는 해석학적 가치를 가지고 있으며, 전기적 요소는 작품 속에 재배치되고 변형된다는 사실을 지나쳐서는 안된다. 전기 비평이 기본적으로 다음과 같은 한계을 가지고 있음도 분명하다.

첫째, 전기적 사실들의 진실성과 신뢰성의 문제를 해결하기 어렵다.

둘째, 대상 인물에게 그가 창작한 작품 속의 주인공의 관념이나 도덕성을 책임지게 할 수 없다.

셋째, 문학작품은 전기보다는 오히려 작가의 비전을 구체화 하고 있음을 지나칠 수 없다.

참고문헌

류은희, 「자서전의 장르 규정과 그 문제」, 『독일문학 · 84』, 한국독어독문학회, 2002, pp.323~347.

박 령, 「문학 전기의 비평적 논의 연구」, 『새한영어영문학 · 41』, 새한영어영문학회, 1999, pp.95~116.

윤 진, 「진실의 허구 혹은 허구의 진실」, 『프랑스어문교육 · 7』, 한국프랑스어문교육학회, 1977, pp.261~282.

이상섭, 『복합성의 시학- 뉴크리티시즘 연구』, 민음사, 1987.

이유생, 「전기 연구의 이론과 현대적 의미」, 『영미어문학 · 78』, 한국영미어문학회, 2006, pp.139~159.

최경도, 「자서전 연구의 성격과 전망」, 『영미문학교육 · 12-1』, 한국영미문학교육학회, 2008, pp.129~145.

허승희 외, 『질적 연구방법과 설계』, 문음사, 2001.

A.셸스톤(Shelston), 『전기문학』, 이경식 역, 서울대학교 출판부, 1979.

L.에델(Edel), 『작가론의 방법』, 김윤식 옮김, 삼영사, 1988.

2. 심리와 심리주의비평

1) 인간 심리와 문학

인간 심리란, 글자 그대로 인간 마음의 작용과 의식 상태이다. 인간의 심리와 문학 간의 관계는 19세기 말 S. 프로이드(Freud)에서 시작되어 현재에 이르고 있다. 문학이 인간의 행위에 관계되며, 인간의 행위 또한 심리적 동기가 있으므로, 인간 행위와 심리에 대한 심층적 해석을 주제로 하는 심리학은 문학과 밀접한 관계를 맺을 수밖에 없다. 심리학이 인간 정신의 구조와 작용을 분석 대상으로 하고 있다는 점에서, 문학이 인간 심리의 투영으로 인간 정신의 구조라는 점에서 심리학과 문학은 서로 분리할 수 없는 연관관계를 가지고 있다.

심리학과 문학 간의 관계는 S. 프로이드(Freud)의 정신분석학에서 출발한다. 그의 정신분석 이론은 '정신결정론'과 '무의식적 정신과정'을 전제로 한다. '정신결정론'이란 모든 정신의 결과는 그것에 선행하는 어떤 것들을 원인으로 하여 결정된다는 것이다. '무의식적 정신과정'이란 인간의 정신 현상은 대부분 인간 자신에게 알려지지 않는 무의식적 과정이다. 이러한 전제는 정신생활에서 연속적으로 보여지지 않는 정신현상과 그것의 인과론적인 관계를 밝혀준다.

인간 정신현상과 그 인과론적 관계를 밝히기 위해서 그는 인간 정신을 의식, 전의식, 무의식으로 구별하고 이드(id), 자아(ego), 초자아(super ego)로 범주화 한다.

의식(consciousness)이 인간이 깨어 있는 상태- 직관적인 인식의 영역 안에서 이루어지는 정신 활동이나 그 활동을 지각하는 것이다.

전의식(preconsciousness)은 현재는 의식되지 아니하여 즉각적으로 의식화 하기는 어렵지만 생각하는 노력으로 의식의 수준으로 이끌어낼 수 있는 영역이다.

무의식(unconsciousness)은 그러한 지각이 없는 의식의 상태 혹은 인간의 내면에서 자신도 모르게 진행되는 정신 활동이다.

전의식과 무의식 사이의 경계에는 검열(censorship)이 있어서 자아에게 불안을 유발하는 욕망, 충동 등을 의식화되지 못하도록 억압하여 무의식 상태에 머물게 한다. 이러한 의식, 전의식, 무의식은 인간의 모든 행동에 영향을 미친다.

이드(id)는 인간이 태어나면서부터 가지고 있는 생득적인 것으로서 성적 에너지, 곧 리비도(libido)를 저장하고 있는 곳이다. 리비도가 모든 정신적 에너지의 원천이므로 이드는 쾌락의 원리에 따른다. 이드는 쾌락을 얻기 위해서 리비도를 실현하려고 한다.

자아(ego)는 '나'의 내적 세계와 외적 세계를 연결하는 중개자로서 '나'라는 개인을 보호하기 위하여 이드의 본능적 충동과 파괴적 행동을 통제하는 이성으로서 현실의 원리에 따른다. 곧 자아는 현실 속에서 리비도를 통제하려고 한다.

초자아(super ego)는 자아에 이르기 전에 이드를 평가하고 형성하는 것으로 '나'의 외적 세계의 전통 및 규범을 흡수하고 보호하기 위하여 리비도를 통제하는 윤리적 완전성을 추구하는 도덕원리에 따른다. 곧 초자아는 자아에게 리비도를 통제하는 도덕적 윤리적 기준을 제공하는 것이다.

이런 의미에서 의식과 무의식의 영향으로 실현되는 인간의 모든 행동은 리비도, 곧 성적 욕망에 의해서 유발된다.

리비도의 관점에서 본다면, 자아와 초자아에 의해서 억눌렸던 이드의 무의식적인 욕망을 충족시켜주는 것은 현실이 아니라 꿈이다. 이드의 무의식적 욕망은 현실에서 결코 행동으로 나타날 수 없고 만족되지 않는 것이므로 그 욕망을 만족시키고자 하는 무의식적 충동은 꿈으로 나타난다. 꿈은 '꿈 속에서도' 이드의 무의식적 욕망을 그대로 충족시켜주지 않는다. 이드의 무의식적 욕망은 무의식과 전의식의 경계에 있는 '검열'에 의해서 은폐되고 위장되며 억압된다. 이런 의미에서 꿈은 억압된 소망의 위장된 충족이며, 그 의미를 알 수 없는 상징이다.

마찬가지로 리비도의 관점에서 본다면, 작가는 강력한 본능적 욕망을 공상에 의하여 성취하는 사람이며, 작품은 그 욕망의 대체 만족을 언어화 한 것이다. 이때, 작가의 무의식적 욕망은 작품 내용이 되며, 불만족스러운 현실의 충족되지 못한 소망인 공상을 통하여 만든 백일몽(daydream)은 작품 소재가 되며, 그 백일몽을 사회적으로 수용가능하고 독자에게 전달 가능한 것으로 언어로 가공한 것은 작품 형식이 된다. 이러한 관점에서 본다면 문학은 소망의 충족이며, 현실에서 거부되는 욕망의 대체 만족이다.

억압된 소망의 위장된 충족이라는 점에서 꿈과 문학의 본질은 같다. 반면 꿈이 현실과 관련 없이 무의식 속에서 형성되고 외부세계와 단절되어 있다면 문학은 현실과의 관계 속에서 형상화 되고 외부 세계와 독자에게 전달하려는 목적으로 창작된다. 이런 의미에서 문학은 리비도의 승화작용의 결과이다.

승화는 탈-성적인 정신활동으로 사회적으로 금기가 되는 인간의 본능 행위를 예술 행위로 표현하는 것이며, 사회적으로 수용할 수 없는 충동을 사회적으로 수용할 수 있는 방식으로 표현하는 것이다.

2) 심리주의비평

심리주의비평이란 정신분석에 기초한 비평으로서 작가심리학, 작품심리학, 독자심리학의 영역으로 나누어진다.

(1) 작가심리학

작가심리학은 작가에 대한 심리학적 연구이다. 곧 작가심리학은 작가의 무의식세계를 분석한 결과를 준거로 하여 작품을 이해하는 것으로서 작가와 작품을 인과관계로 인식하고 있다.

작품의 원인으로서 작가란 누구인가? 심리주의 비평에서 작가를 문학적 천재 혹은 신경질환에서 정신이상까지를 포함한 광기를 지닌 자로 이해하는 것이 일반적이다. 이럴 경우, 작가를 신경과민증 환자라고 본다면, 그가 앓고 있는 신경증은 그 작품의 창작 동기나 주제에 해당된다. 신경증이 작품의 창작 동기라면, 작가는 저술가와 구별되지 않는다. 신경증이 작품의 주제라면, 작가는 병의 과정을 기록하는 사람이며, 작품은 병의 기록물이다. 따라서 작가는 문학적 천재나 광기를 지닌 자가 아니라 신경증적 개성을 가진 문학적 인간(Homo Scriptor)이다.

이러한 작가를 대상으로 하여 작가심리학은 창작 심리와 개별 작가의 심리를 다룬다. 창작심리가 일반적으로 창작, 창조의 과정이나 그 과정을 겪어내는 예술가의 정신 상태에 관한 연구라면, 개별 작가의 심리는 그것을 개별 작가에 국한한 것이다.

H. 리드(Read)는 S. 프로이드의 이론을 이어 받으면서 예술창조 과정을 밝혀낸다. 그는 인간 심리를 S. 프로이드처럼, 이드, 자아, 초자아로 범주화 한다.

이드는 예술적 영감의 원천이자 근원이다. 예술은 이드로부터 그 에너지와 신비한 능력을 얻는다.

이드를 통제하는 자아는 성격(character)이 아니라 개성(personality)이다. 개성으로서 자아는 그 대립적 속성으로 환타지(fantasy)를 발생한다. 그 환타지가 곧 예술적 정신상태이다. 자아의 예술적 정신상태는 예술적 영감을 심미적인 것으로 구축한다. 예술은 자아로부터 그 형식적 종합과 통일성을 얻는다.

도덕적 윤리적 완전성을 추구하는 초자아는 예술의 도덕적 사회적 방향을 결정한다. 예술은 초자아로부터 이념과 도덕성을 얻는다.

이런 의미에서 예술은 개인적 환타지이면서 사회적 방향성을 가진다.

예술창조의 이러한 과정을 개별 작가에 한정할 때 개별 작가의 심리가 된다. 개별 작가의 심리는 작품을 통해서 작가의 심리구조를 밝혀내는 S. 프로이드에서 출발한다. S. 프로이드의 관심은 작품 자체가 아니라 그것을 통해서 작가의 무의식 세계를 밝혀내는 것으로서 예술가와 그의 생득적 자질, 경험, 작품과의 연관관계를 보여준 것이다.

개별 작가의 심리 연구는, S. 프로이드와는 반대 방향에서 작가의 무의식 세계를 밝혀낸 결과를 준거로 하여 작품의 구조와 의미를 분석하는 것이다. 곧 개별 작가의 심리 연구는 삶이란 원료가 작품으로 변용되는 것을 밝혀야 한다. 작가가 작품을 창작할 생각을 하게 된 특정한 이유와 경로를, 작가의 경험과 인간성이 그의 주제, 문체, 소재, 인물, 성격, 묘사 등을 한정하게 된 것을 밝혀내야 한다.

예컨대 김유정이 우울증으로 인해 비극적 삶을 비극적으로 인식하기 어려운 심리적 방어기제가 작동하여 그의 작품세계를 희극적인 해학의 세계로 변화시켰다는 것이다. 현기영이 이른바 제주도의 4·3사건을 다룬 《순이 삼촌》(1978)으로 겪은 필화가 《아스팔트》(1986)에서 고문, 외상과 피해의식으로 나타났다거나, 한수산이 1980년 신문 연재소설로 인하여 겪은 필화가 그의 작품세계를 현실도피적인 미학에서 군사 독재에 의한 고통을 형상화 하는 현실참여적인 사회성으로 변화시켰다는 것이다.

(2) 작품심리학

작품심리학은 문학작품 속에 내재해 있는 심리학적 유형과 법칙의 분석을 통해서 작품을 해명하는 것이다.

분석 대상으로 작품이란 무엇인가?

심리주의 비평의 올바른 작가관에서 본다면 작품은 병의 기록물이 아니라 문학적 인간이 만들어낸 문학작품일 뿐이다. 이러한 문학작품 속의 심리를 밝혀내기 위해서는 작품 자체를 완전한 심리적 일관성과 복합성을 지닌 실체로 인식하는 것을 전제로 한다. 따라서 작품심리학은 전문적인 심리학적 자료에 대한 문학적 상관물을 찾아서 작품 분석에 유기적으로 사용한다.

이러한 작품심리학에는 내용 심리학과 형식 심리학이 있다. 내용 심리학이 작품 속 등장인물의 무의식 세계를 밝히거나 인물 및 모티브의 상징성을 대상으로 하여 작품의 심층구조를 밝힌다면 형식 심리학은 독자에게 현실에서 거부되는 욕망의 대체만족을 가져다주고 공감을 유도하는 '위장'의 기법들을 밝히는 것이다.

작품 내용의 심리학에서는 신경증(psychoneurosis), 방어기제(defense mechanism), 콤플렉스(complex)[1] 등을 해석의 도구로 사용한다. 이 도구들은 무의식에 저장되

1) 신경증 혹은 정신신경증은 심리적 원인으로 일어나는 정신적 장애 증상으로서 불안으로 나타난다. 불안은 자아에게 위협적인 자기 경험, 감정, 충동을 억압한 결과로 내면적 감정들이 충돌하는 과정에서 나타나는 방향의 상실이나 지향성의 결핍 감정이다.(특정한 사물이나 상황에 의해서 유발되는 실제적 실체적인 불안은 공포이다.)
방어기제(defense mechanism)는 불안에 의해서 자극을 받은 자아가 억압된 정신내용이 의식화 되는 것을 막는 것으로서 전이(displacement), 반동형성(reaction formation), 투사(projection),

어 있는 유아기로부터 유래된 충족되지 못한 소망, 성적이거나 공격적인 충동, 감정적인 상실이나 고통스러운 기억 등을 밝혀내어 주는 개념들이다.

신경증은 정신의 내적 요소들, 본능적 욕구와 충동 및 동기 사이의 갈등에서 발생한다. 이드의 본능적 욕구가 자아 속으로 들어가고자 할 때 불안이 발생한다. 불안에 의해서 자극을 받은 자아는 전이, 투사, 승화 등 방어기제들을 사용하여 이드를 억압한다. 콤플렉스는 무의식에 존재하면서 자극을 받으면 강한 정서적 반응을 일으키는 관념이나 기억의 감정덩어리이다. 그 종류로는 오이디푸스 콤플렉스, 엘렉트라 콤플렉스, 카인 콤플렉스, 시스터 콤플렉스, 신데렐라 콤플렉스 등이 있다. 예컨대 S. 프로이드와 E. 존스(Jones)는 오이디푸스 콤플렉스를 해석 도구로 하여 《햄릿》의 정신분석을 한 것은 널리 알려져 있다.

오태석의 《부자유친》도 오이디푸스 콤플렉스로 등장인물들 간의 관계를 해명하는 도구가 된다.

세자 (소리) 우뢰다. 우뢰다.

영조 이놈아. 볕이 이다지 쨍쨍한데 우뢰가 어디 있어 이놈아. 네가 또 누구의 구원을 받으려고 나간다 하느냐. 내가 죽어야 하겠느냐, 니가 죽어야 하겠느냐. 내가 죽으면 삼백 년 종사가 망할 것이나, 니가 죽으면…

승화(sublimation) 등등이 있다.

전위란 감정을 한 사실로부터 그것과 전혀 관련이 없는 다른 사실로 옮기는 것이며, 반동형성은 자아의 생각이나, 감정, 욕구 등을 현실에 노출되기를 꺼려하는 무의식적인 충동의 반대방향으로 의식 속에 고정시켜서 따라 하는 행동이며, 투사는 자이에게 바람직스럽지 않은 감정을 타자에게 옮겨서 그 감정이 외부로부터 오는 위협으로 보이게 하는 과정이며, 승화는 성적인 욕망을 탈성적인 욕망으로 변형시켜 분출하는 것이다.

강한 정서적 반응을 일으키는 관념이나 기억의 일군의 콤플렉스는 어떤 특정한 사실과 연관되어서 무의식적 억압, 자극을 받으면 강한 정서적 반응을 일으키는 복합적인 관념이나 기억의 덩어리로서 오이디푸스 콤플렉스(Oedipus complex), 엘렉트라 콤플렉스(Electra complex), 신데렐라 콤플렉스(Cinderella complex) 등등이 있다.

오이디푸스 콤플렉스 남자아이가 어머니를 사랑의 대상으로, 아버지를 그 경쟁자로 질투하거나 적대시하는 심리현상인 반면, 엘렉트라 콤플렉스는 여자아이가 아버지를 사랑의 대상으로, 어머니를 그 경쟁자로 질투하거나 적대시하는 심리현상이다. 신데렐라 콤플렉스는, 마치 신데렐라처럼, 타인에게 의존하여 사랑이나 도움, 보호를 받기 위해서 순종하고 기다리는 여성들의 심리적 의존상태이다.

D.A.스탓(Staa), 『심리학 용어 사전』, 정태연 역, 이끌리오, 2001.

세자 니가 죽으면 종사는 보존될 것이다. 이놈아.

영조 네가 효복과 저장으로 상청을 꾸민다고 해놓고 실상은 창, 칼, 투구, 그 흉측한 것들을 모다 쌓아 놨다며. 그 까닭이 무엇이냐. (소리가 없다) 내가 죽어야 하겠느냐 아니면 니가 죽어야 하겠느냐. 내가 죽으면 삼백 년 종사가 망할 것이나, 니가…

세자 니가 죽으면 종사는 보존될 것이다. 네가 죽어라. 이놈아.

영조 네가 토굴 속에 들어가 날 저주하였다며. 저주해. 뭘 저주해. 이놈아. 내가 죽어야 하겠느냐 아니면 네가 죽어야 하겠느냐. 내가 죽으면 삼백 년 종사가 망할 것이나 니가 죽으면 종사는…

세자 네가 죽으면…종사는 보존…될 것이다.

영조 내가 죽어야 하겠느냐 아니면 네가 죽어야 하겠느냐. 내가 죽으면 삼백 년 종사가 망할 것이나 니가 죽으면 종사는 보존될…

인용에서 부자가 서로 죽어라고 말하는 관계에 이른 것은 세자의 출생 및 성장과정에 이미 그 동기가 마련되어 있다. 세자는 영조와 선희궁 사이에서 출생한다. 세자는 출생하여 선희궁으로 사랑을 받지 못하지만, 영조에게 사랑을 받지 못한 정성왕후의 사랑을 받는다. 세자에게 영조는 어머니 선희궁의 사랑을 빼앗아간 '정적'이면서 자기가 사랑하는 정성왕후를 버리는 증오의 대상이 된다. 정성왕후가 죽자 세자는 사랑을 잃고, 그녀가 대체하고 있었던 원래의 사랑을 구하나 영조에 의해서 또 방해받는다. 정성왕후의 죽음으로 세자에게 영조는 사랑의 살해자이면서 방해자로서 존재하게 된다. 세자는 정성왕후의 죽음으로도 여전히 선희궁의 사랑을 얻지 못하자, 선희궁의 나인 빙애에게로 욕망을 전이(displacement)한다. 빙애에 대한 세자의 사랑은 정성왕후와 선희궁의 사랑을 대체하는 것이다. 세자는 빙애를 통해서 정성왕후의 사랑을 대체 만족하며, 선희궁에 대한 원망을 대체한다. 세자는 빙애에게 그리움과 증오라는 양면가치(ambivalence)를 가진다. 세자의 이러한 태도는 증오의 감정이 상대적으로 강력해지자 빙애를 살해한다. 정성왕후, 빙애의 죽음으로 세자에게 영조는 가장 강력한 증오의 대상이 된다. 반면 영조에게 세자는 자기의 질서를 거부하고 저주하며 살해하려는 가장 강력한 배반자가 된다.

인용에서와 같이 서로에게 가장 강력한 반대자로서 세자와 영조는 죽음에 이르는 적대행위를 하게 된다. 이러한 실례에서와 같이 작품 내용의 심리학은 등장인물의 무의식 세계를 밝히거나 그 인물 및 모티브의 상징성을 밝힘으로써 작품의 심층구조를 이해하고자 한다.

이와는 달리, 작품 형식의 심리학은 독자에게 현실에서 거부되는 욕망의 대체만족을 가져다주고 공감을 유도하는 '위장'의 기법들을 밝히는 것이다. 이미 확인한 바와 같이 S. 프로이드에게 '억압된 욕망의 위장된 충족'인 작품의 내용은 '작가의 무의식적 욕망'이며, 형식은 '공상을 통하여 만든 백일몽을 사회적으로 수용가능하고 독자에게 전달 가능한 것으로 언어로 가공한 것'이다. S. 프로이드가 작가를 '이야기를 위장된 수법으로 말하는 사람'으로 규정한 것과 같이, '위장'이란 작가가 우연히 잘못 말하는 것이 아니라 일부러 창작한 '잘못 말하기'이다. 작가는 '잘못 말하기'를 세련시켜서 문학적 묘사의 기교로 이용하여 '뜻'을 곁들이는 기술을 가지고 있다. 이러한 '잘못 말하기'를 통하여 작가는 독자에게 쾌락과 감동을 주려고 한다.

S. 프로이드는 작가의 '잘못 말하기'의 원천을 농담의 무의식 분석에서 찾는다. 농담의 심리적 활동은 '억압된 무의식적 소망'- 농담의 내용을 '사회적으로 수용 가능한 형식'- 농담의 형식으로 가공하고 표출하여 웃음을 창조하여 쾌락을 얻는 행위이다. 이러한 농담의 형식적 기법으로 압축과 전위를 들 수 있다.

압축은 하나의 표현을 여러 가지 의미로 사용하여 웃음을 자아내는 기법이다. 그 실례로 연극 《안티고네*Antigone*》가 공연되었을 때 그 고전극적인 특징이 결여되어있음을 비판하면서 '고대(Antik)? 오(Oh), 아니에요(nee)'라고 표현하는 것을 들고 있다.

전위는 논점을 전환시켜서 사고과정을 변화시키고 웃음을 자아내는 기법이다. 그 실례로 영지를 순례하던 군주가 자기와 닮은 사람을 발견하고 "혹시 그대 어머니가 궁중에서 일했던 적이 있는가?"라고 묻자, 그 사람이 "아닙니다. 전하. 그렇지만 제 아버지가 일했던 적은 있습니다."라고 대답하는 것을 들고 있다.

농담의 이러한 형식적 기법과 같이, 문학의 형식적 기법은 독자에게 '억압된 무의식적 소망'의 대리 만족을 통하여 쾌락과 공감을 가져다주는 기법들이다. 문학형식의 심리학은 독자에게 욕망의 대체 만족을 통하여 쾌락과 공감을 가져다 주는 형식의 특수한 기법들을 밝히는 것이다.

예컨대 박혜경의 《고통분담》에서 '압축'과 '전위'의 기법을 사용하여 독자에게 공감을 가져다 준다.

내가 한국인답게 김치찌개를 먹을 때
내가 마이클 잭슨처럼 콜라를 마실 때
내가 안성기처럼 커피를 마실 때
내 위는 반란을 일으킨다.

위가 화끈거리고
위가 부글거리고
위가 잠을 못 잔다고

네 입에만 맞으면 뭐하느냐고
나에겐 고통이라고
고통 분담하자고

그래서 나는 내 입맛들과 잠시 헤어지게 되었다
그래도 가끔 몰래 만나다가 들켜
데굴데굴 구를 정도로 매를 맞고
개망신을 당하기도 하였지만
이젠 손 씻었다

그런데 어제 서울대병원 내과 김인성 박사로부터
위 내시경검사 결과를 통보받았다

당신의 위는 피를 흘리고 있다
과거에도 많은 피를 흘린 흔적이 있다
사는 게 다 밥통 즐겁게 하자는 것 아니냐
왜 밥통을 아끼지 않느냐
왜 당신은 이렇게 밥통이냐

뱃속이 편해야 만사가 편한 것 아니냐

밥통아 너 정말 너무하다
네가 고통 분담하자고 해서
내 입맛을 고스란히 반납하고
네 비위에 맞는 음식들만 먹었는데
왜 아직도 피 흘리니
전에는 내가 먹고 싶은 것을 마구 먹어 네가 피 흘렸고
이젠 내가 먹고 싶은 것을 못 먹어 피 흘리는
나의 식욕 때문에 네가 피 흘린다고
이래저래 너만 맨 날 고통을 전담해서야 되겠니
내 몸에만 맑은 강물 흐르고
흰 물새 날아다녀서야 되겠니

인용 시편은 시적 화자인 '나'가 '의인화된 위장'에게 하는 '고통 전담, 고통 분담'에 관해서 이야기한다. 그 이야기는, '나의 입맛'과 '위의 반란'으로 인한 '고통 분담'(제1~4연), '위 내시경 검사'(제5연), '나'와 '밥통의 고통 전담'(제6~8연)으로 되어 있다. 제 1~4연에서 '나의 입맛'으로 '위의 고통 전담으로 반란'이 일어나자 '나는 내 입맛들과 잠시 헤어진다.' 제5연에서 '위'의 상태(고통 전담 혹은 분담)를 알기 위해서 '내시경 검사'를 받는다. 제6~8연에서 '나의 식욕'(이 있을 때나 없을 때나)으로 인하여 '위'는 '밥통'이 되고 '맨 날 고통을 전담'한다. 이러한 이야기 짜임에서 '위'와 '밥통'은 단순히 비속의 관계가 아니다. '밥통'은 '위'의 비속어로서 '밥만 축내고 제 구실도 못하는 사람'이라는 의미를 다시 '고통 전담'이라는 의미로 '압축'한다. '고통 분담'이 문민정부시기 IMF사태 때 서민에게 강요된 지배적인 이데올로기라는 점에서, '고통 전담'은 '내 몸에만 맑은 강물 흐르고/ 흰 물새 날아다녀서야 되겠니'라는 소망적 사고로 '전위'된다. 이런 의미에서 인용 시편은 '밥통'의 압축과 '소망적 사고'의 전위라는 형식 기법을 사용하여 지배자를 비판하고 사람다운 삶을 추구하고자 하는 '밥통'들에게 공감을 준다. 이러한 실례에서와 같이 작품 형식의 심

리학은 독자에게 욕망의 대체 만족과 공감을 가져다 주는 '위장'의 형식 기법들을 밝히는 것이다. 이러한 작품 형식의 심리학은 장르의 심리학[2]으로 나아가기도 한다.

(3) 독자심리학

독자심리학은 독자에게 대한 심리학적 연구이다. 곧 독자심리학은 문학이 독자에게 끼친 영향이나 독자의 심리 속에서 어떻게 작용하는지를 연구하는 것이다.

문학의 수용자로서 독자란 누구인가?

작가와 마찬가지로 독자를 문학적 인간으로 보면서, 독자 심리학은 문학작품이 특정 개인에게 호소력을 지니는 특정한 비밀과, 문학작품이 유발하는 특수한 정서에 대한 독자의 반응을 밝혀내는 것이다.

N. 홀랜드(Holland)는 S. 프로이드의 이론체계에 기대면서 문학텍스트와 독자 간의 관계를 이드의 환상(id-fantasies)과 자아의 방어(ego-defences)의 관점에서 살펴본다.

그는 '비평가가 텍스트 속에서 객관적으로 발견하는 패턴과 텍스트에 대한 독자의 주관적인 경험 사이의 관계는 무엇인가'라는 문제에서 시작한다.

그는 텍스트와 독자 간의 동질성 논리에서 해결의 출발점을 찾는다. 독자는 텍스트를 자신의 인생 경험과 똑같이 취급하여 '객관적인 패턴'과 '주관적인 경험' 간의 상호거래를 한다. 그 상호거래란 텍스트의 객관적인 패턴에 주관적인 경험을 끊임없이 덧보태어서 독자는 텍스트를 보충하는 것이다. 이러한 상호거래를 통하여 독자는 자기 정체성(identity)을 재창조한다.

---

2) 장르의 심리학은 S. 프로이드가 『무대 위에 나타난 정신이상에 걸린 인물들』(1905)에서 비극 장르를 다루는 것에서 시작된다. 그는 독자에게 주는 쾌락을 기준으로 서정시, 서사시, 비극을 구별한다. 서정시는 독자에게 다양한 강렬한 감정을 분출할 수 통로를 제공하여 쾌락을 준다. 서사시는 독자에게 영웅적 인물과 동일시를 통하여 쾌락을 준다. 비극은 독자에게 갈등 속에서 고통을 앓고 있는 인물을 통하여 피학적인 쾌락을 주고, 그 고통 속에서 위대함을 잃지 않으려는 인물을 통해서 초자아의 만족을 준다. 이러한 장르론에 입각하여 그는 극의 하위 장르를 신과 인간의 투쟁을 다루는 종교극, 사회제도와 인간의 투쟁을 다루는 사회극, 개인과 개인 간의 갈등을 다루는 성격극, 주인공 내면의 의식적인 충동들 간의 갈등을 다루는 심리극, 의식적인 충동과 억압적인 충동 간의 갈등을 다루는 정신병리학적 극으로 나누고 있다. 곽정연, 「문학 형식과 정신분석학적 문학비평」, 『독일어문학 · 19』, 독일어문학회, 2002, pp.1~21.

그는, 그 거래과정을 되돌림 루프(feedback loop 피드백의 결과를 자동적으로 재투입하도록 설계된 순환과정)로 비유하면서 DEFT(방어 Defences, 기대 Expectations, 환상 Fantasies, 변형 Transformations)라는 심리학적 과정으로 설명한다. 독자는 억압된 욕망의 위장된 충족인 텍스트를 만나서 쾌락을 얻으려는 고통과 욕망 충족에 대한 두려움을 가진다. 다음, 독자는 텍스트에서 두려워하는 것을 찾아내어서 방어하고 기대하는 것을 선택한다. 그 다음, 독자는 텍스트에서 개인적 환상을 재창조하고 만족감을 느끼면서 그 환상을 도덕적, 사회적, 미학적 통일성에 대한 일관성 있는 경험으로 변형한다.

이런 의미에서 독서는 텍스트의 의미를 인식하는 것이 아니라 의식과 무의식 사이에 소통의 길을 여는 것이며, 자기 정체성을 재창조하는 행위이다. 마찬가지로 텍스트는 인쇄된 말의 부분들일 뿐이며, 그 부분들의 통일성은 독자의 마음 속에 있는 것이다. 텍스트의 의미도 그 자체에 있는 것이 아니라 그것에 대해서 독자가 구축해 가는 과정이다. 텍스트의 의미가 독자의 적극적인 참여로 얻어지는 하나의 형성과정이므로 독자는 텍스트에서 자료들을 흡수하여 자기 이미지를 통해서 다시 의미를 만들어낸다. 자기의 독특한 스타일로 텍스트를 읽기 때문에 독자의 해석행위는 자기 정체성을 재창조하는 행위이다.

따라서 텍스트의 의미가 독서 주체마다 다른 개인적 경험이고 의미의 해석이 자기 이미지를 통해서 만들어 내는 것이기 때문에, 그의 이론체계는 독자 반응의 독창성과 다양성을 옹호하고 있지만 독자를 극히 수동적인 객체로 제한하고 있다. 그의 독자심리학은 독자의 반응에 관한 심리학적 연구로서 텍스트와 독자 반응 간의 교류비평(transactive criticism)이다.

독자에 관한 이러한 심리학적 연구는 현재 독자의 심리 치료를 목적으로 하는 문학치료학[3]으로 확산되고 있다. 독자 심리학은 문학이 독자에게 끼친 영향이나 독자

---

3) 문학치료학은 S. 프로이드의 정신분석 이론을 근거로 하여 시작된 것이다. S. 프로이드에 의하면 독자는 문학작품을 통하여 겪은 무의식적 경험을 실제 자기 삶 속에 전위하여 지속적인 이드와 초자아의 변화를 통하여 건전한 성격을 형성해 간다. 이에 문학 치료학은 '문학을 이용하여 환자와 치료사 사이에 발달적 치유적 상호작용을 일으키는 것'으로 정의된다. 문학치료라는 용어보다 선행되어 사용된 것은 독서 치료(bibliotherapy)이다. 독서 치료는 '독자의 인성과 문학작품 사이에 이루어지는 역동적인 상호작용 과정'으로 규정되고 문학 치료,

의 심리 속에서 어떻게 작용하는지를 연구하는 것인 반면, 문학치료학은 문학작품을 독자의 심리 치료를 위한 매개체로 사용한다. 이런 의미에서 문학치료학은 심리주의 비평의 영역에 속하는 것이 아니라 정신의학과 심리학의 영역에 속한다.

참고문헌

곽정연, 「문학 형식과 정신분석학적 문학비평」, 『독일어문학 · 19』, 독일어문학회, 2002, pp.1~21.

곽정연, 「정신분석학과 문학비평」, 『독일문학 · 85』, 한국독어독문학회, 2003, pp.368~388.

김이섭, 「문학과 심리학의 상호연관성에 관한 연구」, 『독일문학 · 42-3』, 한국독어독문학회, 2001, pp.309~329.

백연화, 「정신분석과 정신분석 문학」, 『불어불문학연구 · 44-1』, 한국불어불문학회, 200, pp.183~209.

변학수, 『문학 치료』, 학지사, 2007.

장도준, 「정신분석학적 비평」, 『한국말글학 · 25』, 한국말글학회, 2008, pp.117~149.

황보경, 「정신분석적 문학비평」, 『영미어문학 · 85』, 한국영미어문학회, 2007, pp.69~91.

E.라이트(Wright), 『정신분석비평- 이론과 실제』, 권택영 역, 문예출판사, 1997.

M.밀너(Milner), 『프로이트와 문학의 이해』, 이규현 역, 문학과 지성사, 1997.

S.프로이드(Freud), 『농담과 무의식의 관계』, 임인주 역, 2008, 열린 책들.

S.프로이트(Freud), 『예술, 문학, 정신분석』, 정잔진 역, 열린 책들, 2007.

D.A.스탓(Staa), 『심리학 용어 사전』, 정태연 역, 이끌리오, 2001.

시 치료, 이야기 치료, 드라마 치료 등으로 세분화 된다. 현재에는 문학 치료와 독서 치료를 같이 묶어서 통합적 문학 치료라고 하면서 한국통합문학치료학회에서는 '문학적 글쓰기, 독서, 드라마, 연행과 같은 매체를 통하여 개인의 잠재된 능력과 인성의 계발, 창의성과 자발성의 강화, 마음의 치유, 그리고 심리-사회적, 정신-신체적 문제성의 완화를 지향하는 심리치료와 예술치료의 한 갈래'로 정의하고 있다. 이러한 통합적 문학 치료는 읽기 치료(bibliotherapy)와 쓰기 치료(poetrytherapy)의 통합이다. 그 대표적인 사이트는 다음과 같다. http://www.bibliotherapy.or.kr/, http://www.literarytherapy1999.net/, http://www.poetrytherapy.or.kr/

3. 상부구조와 문학정신사

1) 사회적 이데올로기로서의 문학

사회의 상부구조와 그 속에 위치하고 있는 문학을 도식화 하면 다음과 같다.

- 상부구조
  - 관념
    - 개인심리
    - 사회적 이데올로기 : 문학, 종교, 사회과학, 철학
  - 제도
    - 가족제도
    - 사회제도
    - 정치제도
    - 교육제도
    - 문화제도
    - 대중매체
    - 사회관습

도식에서와 같이, 우리가 살아가고 있는 사회는 상부구조와 하부구조로, 다시 상부구조는 관념과 제도로 나누어지며, 문학은 관념- 사회적 이데올로기에 속한다.

2) 문학과 관념

문학과 관념의 상관관계에 대하여 긍정론과 부정론이 공존하고 있다. 긍정론은 문학을 철학의 형식으로, 형식 속에 쌓여진 관념으로 보는 입장인 반면, 부정론은 문학을 원시적인 진리가 가볍게 표현된 것으로 보는 입장이다. 문학사가 지성사와 병행하고 그것을 반영하고 있으므로 문학은 관념사와 철학사의 문헌이 될 수 있다. 아울러 철학사와 관념사의 지식이 문학작품의 해석에 가치를 가지므로 문학과 관념은 상관성이 있다.

문학과 관념 간의 이러한 상관성을 적극적으로 표현한 개념이 시대정신(Zeitgeist)이다.

시대정신이란 일반적으로 특정한 시대 사람들의 의식을 지배하고 있는 정신적 경향으로서, 그 시대를 여러 가지 - 그 시대의 종교에서부터 그 시대의 의상에 이르기 까지를 객관화 한 것에 의하여 재구성한 이상적 이념을 뜻한다. 이런 의미에서 시대정신은 인간의 문화활동과 다른 활동, 심지어 예술과 과학 간의 완전한 병행을 가정하고 있다. 시대와 민족과 예술작품 간의 완전한 종합이라는 가정 아래서 시대 정신이란 이념형을 밝혀내는 방법론으로서 유추의 방법을 사용한다. 특정 시대와 작품들 상호 간의 변별성을 강조하며 유사성을 배제하는 소극적 유추와 특정 시대와 작품들 상호 간의 유사성을 강조하며 변별성을 배제하는 적극적 유추가 그것이다.

문학과 관념 간의 이러한 관계는, 첫째 사회적 이데올로기로서의 문학 간의 관계, 둘째 사회적 이데올로기로서의 문학과 하부구조 간의 관계로 나누어서 생각해 볼 필요가 있다. 첫째의 경우는 정신사 혹은 철학적 비평의 영역에 가깝고, 둘째의 경우는 문학사회학의 영역에 가깝다.

3) 문학정신사 비평

정신사(Geistesgeschite)는 시대정신을 준거로 하는 문학연구 방법론이다.

정신이란 과학적 예술적 인식을 가리키는 심적 능력이면서 초개인적 집단주체의 원리를 해명하는 집합개념이다.

정신사란 역사에 있어서 개개 사실들의 인과관계를 넘어서 정신적인 힘, 즉 이념이 문학을 형성하는 기본 원리로 작용하고 있다고 간주하여 이러한 관점에서 역사를 파악하고 서술하는 것이다.

정신사에 있어서 가장 근본적인 운동작용은 이념이며, 이념형이 정신사를 이해, 설명하는 가장 중요한 준거가 된다.

문학정신사는 이러한 정신사의 관점에서 문학을 이해, 설명하는 것이다.

참고문헌

김주연, 「한국 문학의 정신사적 과제」, 『현상과 인식』(12-1), 1997.
이동순, 『민족시의 정신사』, 창작과 비평사, 1996.
조남현, 『한국 현대문학사상 논구』, 서울대학교출판부, 2002.

4. 하부구조와 문학사회학

1) 자발론과 결정론

사회의 하부구조를 일단 도식화하면 다음과 같다.

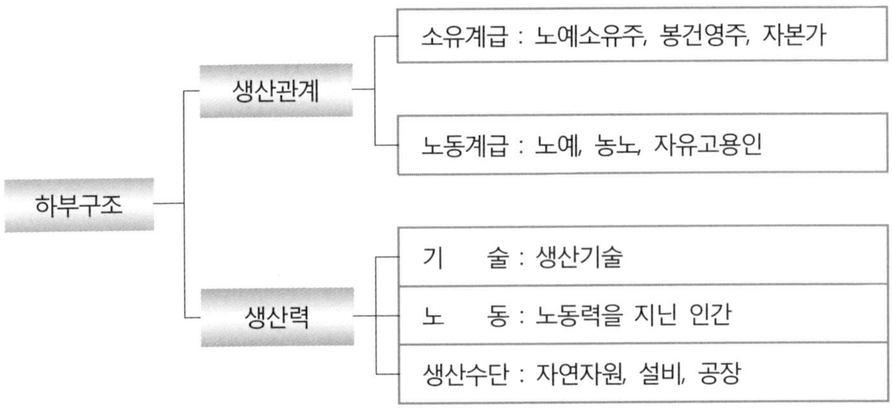

문학이 상부구조-관념-사회적 이데올로기에 속해 있으므로, 문학과 사회의 상관성은 먼저 상부구조와 하부구조 간의 관계에서 밝혀낼 수 있다.

사회구조 간의 상호연관에 관한 세 관점은, 심리적 결정론, 경제적 결정론, 과학적 유물론으로 나뉜다. 심리적 결정론은 상부구조가 경제적 토대를, 심리적 본능이 사회구조를 결정한다는 것이며, 경제적 결정론은 경제적 토대가 상부구조를, 경제적 조건이 관념과 심리적 감정을 결정한다는 것이며, 과학적 결정론은 상부구조와 경제적 토대, 경제적 조건과 관념이 상호 결정한다는 것이다.

이러한 결정론들을 문학에 대입해 보면, 문학이 사회구조를 결정한다는 순수문학론, 문학이 사회구조, 특히 경제적 조건에 의해서 결정된다는 속류 맑시즘비평, 문학과 사회구조는 상호 간 영향, 결정을 끼친다는 정통 맑시즘으로 도식화 된다.

2) 문학사회학

문학사회학은 문학과 사회의 다양한 관계를 다루고 있다. 곧 문학사회학은 문학행위-생산자로서의 작가, 사회적 생산물로서의 문학작품, 소비자로서의 독자 간의 사회적 관계를 연구하는 방법론이다.

문학사회학의 이론적 근거는 문학과 사회의 상관성에 두고 있다. 작가는 사회의 일원이면서 특수한 사회적 지위를 가지고 있으며, 문학은 사회제도의 하나로서 그 매개수단으로 사회가 만든 언어를 사용하며, 독자도 사회의 일원이기 때문에 문학과 사회는 상호관계 속에 있다.

문학과 사회의 이러한 관계에 관한 이론은 모방론에서부터 생산론에 이르고 있으며, 작가사회학, 작품사회학, 독자사회학의 3 영역으로 나눌 수 있다.

작가사회학은 작가의 사회적 출신과 지위, 사회적 이데올로기에 관한 연구이며, 작품사회학은 문학작품 자체가 내포하고 있는 사회적 내용과 사회적 문제에 관한 연구이며, 독자사회학은 문학독자와 문학의 실제적 사회적 영향 간의 문제에 관한 연구이다.

문학사회학에 있어서 올바른 태도는, 문학이 정치학이나 사회학의 대응물이 아니므로, 작가의 작품 속에 있는 잠재적 사회적 의미를 드러내면서 복합성 및 일관성과 같은 예술적 가치를 공고히 한 뒤 사회적 진실을 드러내어야 한다.

현재 문학사회학은, 한편으로는 구조형식주의와 결합하여 확산되기도 하며, 다른 한편으로는 문학정치학, 문학정치경제학으로 심화되면서 문학의 총체적 이해로 나아가고 있다.

참고문헌

박철희, 『문학이론입문』, 형설출판사, 2009.
현택수, 『예술과 문화의 사회학』, 고려대학교 출판부, 2003.

존 홀, 『문예사회학』, 최상규 역, 예림기획, 1999.
피에르 지마, 『文學텍스트의 社會學을 위하여』, 이건우 역, 문학과 지성사, 1987.

5. 상호비판 : 선전선동론과 미학적 신비화

문학의 구조에 관한 지금까지의 논의를 종합하면 다음과 같다.

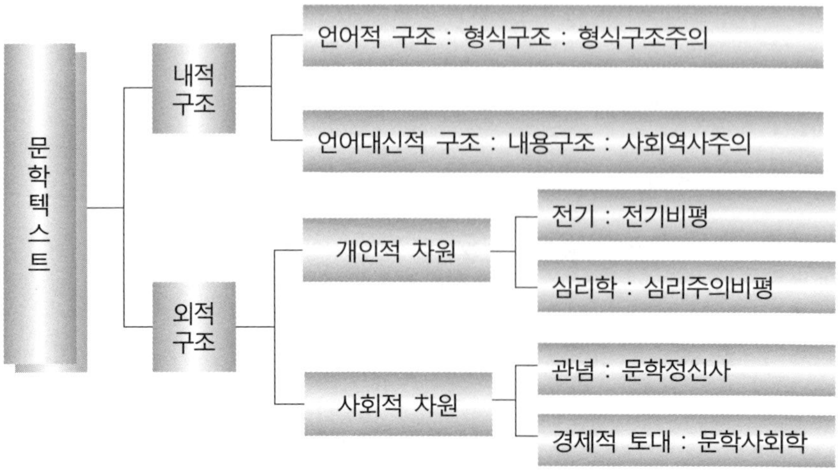

도식은 내재적 접근론과 외재적 접근론으로 나눌 수 있는 바, 전자는 후자를 '선전선동론'으로, 후자는 전자를 '미학적 신비화 경향'으로 상호 비판한다.

미학적 신비화 경향이란 문학사회학적 시각에서 문학예술과 사회와의 분리주의를 고집하는 경향에 대한 비판으로 대두된 것이다.

쟝 뒤비뇨는 이를 다음과 같이 세분화하고 있다.

첫째, 예술의 본질이 존재한다는 가설. 곧 인간적인 표현의 다양성을 절대정신의 작용이나 모든 세속적 현실과 동떨어진 천상적인 순수관념의 작용으로 돌리는 태도이다.

둘째, 예술의 원시적 기원을 찾아내려는 경향.

셋째, 모든 예술을 실재 혹은 자연에 종속된 것이라는 생각.

선전선동론은 문학이 어떤 정치적 사회적 실제 목적에 봉사해야 한다는, 하고 있다는 것을 주장하는 논자들을 비판하기 위해 사용된 용어이다. 선전문학이란 그 작품이 씌여졌을 당시의 특수한 도덕적, 정치적 문제에 어떤 관점을 갖거나 직접적인 행동을 취하도록 독자를 움직이려는 교훈적인 문학이다. 현실적 효용성만을 극도로 강조하는 선전문학은 사회의 어떤 실질적 변동을 가져오기 위하여 독자를 자극하므로 언제나 도구가 된다.

문학의 내재적 접근와 외재적 접근을 아울러서 문학에 대한 총체적 접근을 시도하고자 하는 방법론자들에는 L. Goldman, F. Jameson, J. Wolf 등이 있다.

L. Goldman은 '발생론적 구조주의' 혹은 '구조주의적 맑시즘'이라는 방법론으로서, 작품구조에 대한 구조주의적 분석 및 그러한 작품구조를 가능하게 하는 세계관에 대한 발생론적 분석을 통하여 문학의 구조와 그 세계관적 기반을 이해하고자 한다.

F. Jameson은, 문학정치학의 시각에 위치하고 있음에도 불구하고, 구조주의적 방법인 '의미의 사각형'을 준거로 하여 작품구조를 분석하고 그 분석를 통하여 작품의 '정치적 무의식'를 밝혀냄으로써 내재적 접근을 매개로 한 외재적 접근을 시도한다.

J. Wolf는 문학정치경제학을 주창하여 작품의 예술적 가치와 정치적 가치, 미적 가치와 사회적 가치를 통합하고자 시도한다.

Ⅵ. 문학텍스트의 중층구조와 그 분석 방법론

제 1 층	시각적인 형태
제 2 층	음성적 조직
제 3 층	문체적 장치와 이미지 및 이미져리
제 4 층	문체적 장치와 이미지 및 이미져리에 의해 결정되는 의미단위들
제 5 층	의미단위들에 의해서 환기된, 주제재(subjects-matter)에 대한 내용적 진술
제 6 층	총체적 의미와 그 세계
제 7 층	상징체계와 상징에 있어서 특수한 세계

1. 중층분석 방법론의 도입

서로 간의 날카로운 대립을 포기하지 않는, 여러 방법론의 편차를 지닌 문예비평의 현대적 현상에 관한 한, 시카코학파의 한 사람인 올손(Elder Olson)의 지적은 적절한 것 같다.

> 비평은 우리 시대에 있어서 일종의 바벨탑이다. 더구나 그것은 언어학적이며 방법론적인 바벨탑이다.[1]

올손(Olson)의 이러한 지적은, 시카코 학파라는 문예비평의 측면에서 볼 때, 뉴크리티시즘에 대한 비판적 견해, 곧 R. 맥킨(Macheon)의 논문 「예술과 비평의 철학적 기초 *The Philosophic Bases of art and criticism*」의 제목이 적절히 보여 주는 것처럼, 문학에 있어서 철학적 기초의 중요성의 강조에 지나지 않는다.

그러나 폭넓은 관점에서 볼 때, 언어학적 바벨탑이라는 의미는 언어가 문학의 매체인 까닭에 문학의 언어적 조건에 대한 언어학적 탐구가 지나쳐서 언어가 대신하는 것, 이를테면, 문학이 독자에게 감동을 준다고 할 때, 독자는 언어에 의해서가 아니라 언어가 대신하는 작가정신, 내용적인 것, 사상성 등등에 의해서 감동을 받는 것에 대한 탐구를 현대문예비평은 포기한다는 것이다. 방법론적인 바벨탑이라는 의미는, 현대문예비평이 그 방법론에 있어서 철학, 심리학, 사회학, 심지어 수학, 물리학까지 많은 부분을 빚지고 있는데, 그러한 여러 과학적 지식의 지나친 도움으

1) Elder Olson, An Outline of Poetic Theory, *Critics and Criticism* (cd. , R.S. Crane), Chicago, Thc Univ of Chicago press, 1957, p.3.

로 오히려 문학의 의미와 완결성이 깨뜨려진다는 것이다. 사실, '문학에 대한 통찰을 획득하기 위한 非문학적 여러 지식과 기술의 유기체적 사용'[2]으로 정의될 수 있을 만큼, 현대문예비평은 비문학적 지식과 기술에 많은 부분을 빚지고 있다.

그 가장 대표적인 경우로, 우리는 말라르메 발레리의 시의 구조를 분석하여 그것의 보편성을 요청한 E. 시웰(Swell)의 『시의 구조 *The Structure of Poetry*』[3]를 들 수 있다. 먼저 시웰(Sewell)은, 언어학의 도움에 의해서, 언어를 소리층(sound-look)과 지시(Reference)의 이중구조로 나누며, 심리학의 도움에 의해서 인간심리를 질서로 지향하는 힘과 무질서로 지향하는 힘으로 나눈다. 이러한 전제에서, 논리학과 수학 및 물리학의 도움에 의해서, 논리와 수와 언어의 소리층이 질서를 지향하는 힘을 가진다고 보며, 심리학의 도움에 의해서 가위눌림과 꿈과 언어의 지시가 무질서를 지향하는 힘을 가진다고 본다. 이러한 관점에서, 시웰(Sewell)은 시의 언어를 수(number)와 꿈(dream) 사이의 연속체로 보면서 시의 구조에 관한 이론을 전개시킨다. 시웰(Sewell)의 이러한 이론적 출발에 관해서, 우리는 '언어를 수학과 꿈의 양극 사이라고 할 연속체로 그리기 보다는, 두 개의 종류로 분류하는 바로 그 생각을 의문시 하지 않으면 안될 것'[4]이라는 비판을 받아들일 수도 있다.

어쨌든 비평의 현대적 현상에 관한 올손(Olson)의 지적은 R. 웰렉(Wellek)에 의해서도 지지를 받고 있다.

> 지극히 넓은 관점에서 볼 때, 20세기 비평의 대부분은 서로 직접적 역사적 관련이 없지만, 목적과 방법의 유사성을 보여주고 있다.[5]

이 '목적과 방법의 유사성'은 미적 실체로서 예술작품이 시인들의 태도, 정서, 개념 및 철학의 연구를 위하여 무시되거나 저지되었다. '작품보다 창작행위와 시인이 관

---

2) S. E. Hyman, Modern Literary Criticism, *The Armed Vision*, New York, Random House, 1955, p.3.

3) E. Sewell, *The Structure of Poetry*, London, Roultedge, 1962. 이 글에서 언급되는 Sewell의 이론은 이 책의 'part Ⅰ'(pp.3~86)참조.

4) 이재선, 신동욱, 『문학의 이론』, 학문사, 1968, p.51.(L.Lerner의 말 재인용)

5) R. Wellek, The Main Trends of Twentieth-Century Criticism, *Concepts of Crticism*, New Heaven, Yale Univ, Press, 1973, p.345.

심의 중심이 된다'[6]는 것이다. 이러한 의미에서, 현대비평은 새로운 방법론과 만나게 된다. 그 새로운 방법론을, 우리는 문학적 중층 분석(Analysis of strata of Literature)이라고 命名한다.

이 용어는 R. 웰렉(Wellek)에 의해서 그 당위성을 획득한다.

> 예술작품의 현대적 분석은 보다 복합적인 질문—그것의 존재양식, 중층 체계에서 시작되어야 한다.[7]

> 더 나은 발전과 세련을 이룰 수 있는 문학이론이 되기 위해서, 언어학과 문체론, 시 작품의 중층의 명확한 분석의 더욱 긴밀한 협력을 필요로 한다.[8]

이처럼 R. 웰렉(Wellek)에 의해서 그 필요성이 제기된 중층분석은 특히 T. M. 그림(Greene), R. 웰렉(Wellek), N. 하르트만(Hartmann)에 의해서 나름의 이론체계를 구축한다.

---

6) R. Wellek, 앞의 글, p.363.
7) R. Wellek, A. Warren,The Nature of Literature(Wirrten by Wellk), *Theory of Literature*, Penguine Books, 1970, p.28.
8) R. Wellek, 앞의 글, p.364.

2. 상징적 중층구조로서의 문학텍스트

1) 문학유기체론

우리가 제일 먼저 던질 질문은, 중층분석에 있어서, 문학의 본질에 관한 것이다. 문학의 본질에 관한 한, 문학을 유기적 성격으로 이해하는 관점은 많은 지지자를 가지고 있으며, 현대비평의 발전에 크게 이바지 해 오고 있다.

우선, 문학의 유기적 성격에 관해서 개괄적으로나마 그 정체를 확인하려고 할 때, 아리스토텔레스의 『시학 *Poetica*』은 출발의 단서를 제공해 준다. 그는 비극에 있어서 플롯의 3단계인 시작, 중간, 끝의 관계를 인과원리(casual principles)로 설명하는 자리에서 말한다.

> 부분들의 구조적 통일은 그것들 가운데 하나라도 위치가 변하거나 제거된다면 전체가 흩어지고 깨뜨려질 그런 것이다. 있으나 없으나 뚜렷한 변화를 가져오지 않는 사물은 전체의 유기적 부분이 아니다.[1)]

누구에게나, 흔히 인용되는 글귀다. 이 글귀에서 우리가 새삼스레 확인할 수 있는 것은 전체와 부분의 유기적 관계 또 전체가 부분들의 구조적 통일이라는 것이다.

전체와 부분의 이러한 관계는 형식주의 비평의 디딤돌이 된 S. T. 콜릿지

1) Aristoteles, *Poetics*(trans., S.H.Butcher), Criticism(ed,.W.J.Bate), New York, Harcourt, 1970, p.25.

(Coleridge)[2)]에게서 살아 있는 생물과 예술작품 간의 관계를 유추적으로 설명하는 유기적 통일(organic unity)이라는 용어로 일반화 되기 시작한다.

그에게 있어서 유기적 통일이라는 개념은 형식(form)이라는 개념 및 상상력이론과 밀접한 관계를 지닌다. 간략하게 말해서, 유기적 통일이라는 개념을 언어의 특별한 구조로서 시(poem) 혹은 시예술(poetry)에 대한 그의 관점이라고 할 때, 우리는 시와 시예술이라는 용어 변별적 사용에 관심을 기울이게 된다. 그에게 있어서, 시(poem)란 언어의 특별한 구조이며 시예술(poetry)이란 상상력의 일반적 행위인데, 前者는 後者의 특별한 경우라 할 수 있다. 여기서 언어의 특별한 구조로서 시(poem)에 우리가 관심을 가질 때, 그것은 그것 자체의 특성과 시예술의 특성을 동시에 가진다는 것이다.

시의 이러한 양면적 특성은 형식이라는 개념에 의해서도 설명된다. 그에 따르면, 시의 구성분자인 언어는 조직화 되고 통일화 되어서, 그것과 전혀 다른 새로운 형식인 시를 만든다. 이 형식에는 보편적인 것(the universal)과 특수한 것(the particular)이 있는데, 後者는 前者의 특별한 경우라 할 수 있다. 여기서 시를 언어에 의해서 만들어진 언어와 전혀 다른 형식이라고 할 때, 그 보편적인 것은 시예술이며 그 특수한 것은 시라고 할 수 있다. 이처럼 형식이라는 개념에 의해서도, 시가 양면적 특성을 지니고 있음을 이해할 수 있다.

그러면 시의 양면적 특성은 무엇인가?

이를 우리는 그의 상상력 이론에 의해서 이해할 수 있다. 그는, 우선, 상상력과 공상력을 변별한다. 공상력이란 기억의 모든 재료를 연상의 법칙에 따라서 수용하여 표현의 표면적인 장식을 구축하는 것이라면, 상상력은 표현의 진정한 통일을 구축하는 것이므로, 시인에게 상상력이 요청된다. 이 상상력은 제 1 상상력과 제 2 상상력으로 나뉜다. 이 가운데 제 1 상상력은 인간으로 하여금 대상을 지각하게 하고, 제 2 상상력은 지각된 대상을 재구성하기 위한 작용을 한다. 이 작용은 예술의 창

2) 그의 문학론은 별도의 언급이 없는 한 다음을 참조함.
W.J.Bate, 앞의 책, pp.367~384.
D.Daiches, Term and the Imagination, *Critical approaches to Literature*, New York, Norton, 1956, pp.109~110.

작활동에서 요구되는 창조능력이다. 이러한 상상력의 작용에 의해서, 시는 유기적 통일을 가지며 이 유기적 통일을 가진 시가 진정한 시(a legitimate poem)인 것이다.

> 진정한 시의 정의에 관해서 묻는다면, 시의 부분들이 서로 각 부분들을 설명하고 지탱하는 것임에 틀림없다고 나는 대답한다. 부분들의 조화에 있어서 모든 부분들은 운율 배열의 영향과 목적을 지탱하며 어울린다. 모든 시대, 모든 영역의 최후의 판단에 일치한 철학적 비평가는 한편으로 독자들에게만 전체적 주의를 환기하는 일련의 기발한 詩句 혹은 對句가 문맥에서 떨어져서 조화를 이루는 부분들이 되지 못하고 별개의 전체를 구성할 때, 또 한편으로 독자가 빨리 생각을 집중하는 일반적인 결과에서 떨어져서 그 구성분자들에 의해서 주의를 끌지 않는 일관성 없는 作文일 때, 진정한 시에 대한 칭찬을 똑같이 부정한다.[3)]

이러한 진정한 시에 관한 정의는 유기적 통일이라는 그의 개념을 적절히 나타내주고 있다. 그에게 있어서, 진정한 시의 유기적 통일이란 전체나 부분의 일관성의 관계, 부분 서로 간의 조화 관계에 지나지 않는다.

콜릿지에서 제기된 유기적 통일이라는 문학관은 여러 비평가를 거쳐서 미국의 뉴크리티시즘(New Criticism)에게 수용된다. 그 대표적인 한 사람인 C. 브룩스(Brooks)는 유기적 통일을 상상적 통일(imaginative unity)과 논리적 통일(logical unity)로 나누어서, 시에 있어서 그것들의 가치를 설명한다.

> 시에 있어서 중요시 되는 유일한 통일은 상상적 통일이다. 시에 있어서 논리적 통일이 일어날 때, 논리적 통일은 그것 자체에 있어서가 아니라 단지 더 풍부한 상상적 통일을 가져다 주는 요소로서 가치있다. 다시 말해서 우리가 과학으로서 또는 실제적 목적에 대한 권유로서 시를 평가하지 않는다면, 논리적 통일은 그것 자체에 있어서 가치없다. 논리적 통일은 시를 유기화하지 못한다.[4)]

---

3) S.T. Coleridge, Biographia Literaria, Bate의 앞의 책, p.378.
4) C. Brooks, Symbolist Poetry and the Ivort Tower, *Modern Poetry and the Tradition*, The univ. of North Carolina press, 1939, p.66.

C. 브룩스(Brooks)가 중요시 하는 상상적 통일은 뉴크리티시즘에서 즐겨 사용되는 '시는 복합적이어야 한다'는 명제와 관련 있다. 이 명제는 뉴크리틱스들이 비평도구로 삼는 용어들, 예컨대 irony, wit, paradox, tension, figurative language 등에 의해서 이해될 수 있다. 이 용어들은 언어 그 자체의 많은 양의 사용이 아니라 복잡하고 다양한 의미의 사용을 가리키는 것인데, 시도 역시 의미의 다양한 사용에 의존한다. 따라서 시는 복합성(complexity)을 가진다. 이 복합성은 언어 의미의 일회성에 의한 논리적 통일이 아니라 다양성에 의한 상상적 통일에 의해서만 가능하다. 그래서

> 모든 진실한 시는 복합적이며, 단지 시의 복합성에 의하여 시는 예술적 통일을 가진다.[5]

는 주장은 뉴크리틱스에게서 보편화된 것이다.

여태까지 살펴본 문학의 유기적 성격을 주장하는 관점은, 간략하게 말한다면, 다음의 두 가지로 요약된다.

첫째, 문학이란 하나의 전체(a whole)에 관해서 내적인 통일(inner unity)을 강조하며,
둘째, 전체나 부분, 부분 서로 간의 관계에 있어서 결합의 긴밀성(coherence)을 강조한다.

2) 문학의 상징적 중층체계론

문학의 유기체적 성격을 주장하는 관점은 R. 웰렉(Wellek)의 비판을 만나게 된다.[6]

---

5) W. K. Winsatt, The Concrete Universal, *The Verbal Icon*, Uuniv. of Kentucky press, 1954, p.81.

> '유기체'에 대해서 말하는 일반적인 용어법은 얼마간 오해를 자아낸다. 그것은 반드시 '다양성 속에서 통일성'과 같은 어떤 한 측면만을 강조하며 그리하여 반드시 적절하다고 할 수 없는 생물학의 相似物로 (문학을) 이끌어 가기 때문이다.

따라서 우리는 문학을 '단순한 대상이 아니라 복잡한 의미와 관계를 가진 성층적 성격을 띤 고도로 복합적인 조직'[7]으로 이해해야 한다.

문학을 이처럼 성층적 성격이라고 할 때, 우리가 늘 염두에 두어야 할 것은 '복잡한 의미와 관계를 지닌다'는 것의 의미이다. 이 말은 문학의 성격 가운데 다음 두 가지를 고려해야 한다는 뜻이다.

첫째, 문학이 그것의 매체인 언어의 복잡한 의미와 관계를 지닌다고 할 때, 문학의 언어의 성격.
둘째, 문학이 그 자체의 복잡한 의미를 지닌다고 할 때, 문학의 성격.

먼저, 문학의 언어의 성격을 살펴보자.

지금까지 언어의 특성은, 외연과 내포, 시니피앙과 시니피에, 표면구조(surface structure)와 기저구조(underlying structure), 논리적 의도(logical intention)와 심리적 내포(psychological connotation), 감성적 실체와 정신적 내용이라는 이중구조로 밝혀졌다.

이 가운데 문학의 언어는 특히 의미의 측면이 중요시된다. 이것은 문학의 언어가 기호(sign)이면서 상징(symbol)이라는 것을 의미한다. 물론 상징은 기호의 일종이지만, 그것들은 서로 다르다.

S. K. 랑거(Langer)[8]의 견해를 빌린다면, 기호(sign)는 자연적 기호와 인위적 기호가 있다. 자연적 기호란 자연현상의 과거, 현재, 미래의 존재를 지시하는 것이다.

---

6) R. Wellek, A. Warren, 앞의 글, p.27.
7) 6)과 같음.
8) S. K. Langer, The Symbol of Teeling, *Feeling and Form*, London, Roultedge & Kegan paul, 1967, pp.25~26.

즉, 사물과 사건의 관계를 반드시 일대일 대응관계로 이해하게 하는 것이 자연적 기호이다. 이와는 달리, 인위적 기호란 자연적 기호에 반응을 나타내고 그것에 의하여 자연현상을 인식할 뿐만 아니라 기호로서 사물과 사건의 상태를 재현한다. 이 인위적 기호에는 아이콘(icon)과 상징(symbol)이 있다. 아이콘(icon)은 비추론적 상징이라고 달리 말할 수 있으며, 상징(symbol)은 추론적 상징이라고 할 수 있다. 상징이란 그것이 나타내는 개념을 우리가 상상할 때 그것이 이해되어지는 것이며, 언어는 상징의 구체적인 형태이다. 언어가 상징이므로 그것이 문학의 매체가 될 때, 문학은 기호적인 것이면서 상징적인(symbolic) 것이 된다.

다음, 문학이 그 자체의 복잡한 의미를 지닌다고 할 때, 문학의 성격은 무엇인가? 문학이란 한 존재물와 다른 존재물 간의 일 대 일 대응(one-to-one response)을 관계로 맺지 않는다. 이육사의 〈광야〉가 그 시대의 정치적 상황과 일 대 일 관계만을 지닌다고 할 수 없는 것처럼, 문학이란 신호체계(signature system)[9]가 아니라 상징체계(symbolic system)이다. 그래서 '언어가 일차적인 상징체계라고 하면 문학은 이차적인 상징체계이다'[10]는 T. 토도로브(Todorov)의 견해는 지극히 당연하다.

이상의 모든 논의를 고려한다면, 문학이란 상징적 중층체계라고 할 수 있다.

문학을 상징적 중층체계라고 했는데, 그러면 그것을 형성하고 있는 낱낱의 계층에 관해서는 T. M. 그린(Greene), R. 웰렉(Wellek), N. 하르트만(Hartmann)의 이론에서 확인할 수 있다.

---

9) 이에 관해서는 다음 논문에 잘 나타나 있다.
I.A.Tiedler, Archetype and Signature, *An Introduction to Lierary Criticism,* (ed.,M.K.Danziger,W.S.Johnson), Boston, D.C.Heath,1968, pp.262~276.

10) T.Todorov

3. 문학 중층구조의 분석

1) 상징적 예술로서의 중층체계

T. M. 그린(Green)은, 음악과 무용 및 건축을 추상적 예술(abstract art)로, 조각과 회화를 표현적 예술(representational art)로, 문학을 상징적 예술(symbolic art)로 변별하고 난 뒤, 문학적 계층 분석의 연구방향을 제시한다.

> 예술적 분석의 임무는 예술작품에 있어서 이런(作文의 예술적 생명력에 기여하기 위해서 다른 부분과 예술적으로 관계 지어져야 하는) 부분들과 측면들은 구별하는 것이며, 그리하여 따로 떼어내어서 그것들을 연구하는 것이다. 예술적 종합의 임무는 측면들의 융합 및 부분들의 조직으로서 예술 작품 전체를 이해하는 것이다.[1]

이러한 연구방향의 설정에 의하여, 예술작품을 질료(matter), 형식(form), 내용(cotent)으로 나누어서 문학적 계층을 분석하다.

질료의 경우를 다음과 같이 분석한다.[2]

---

1) T. M. Greene, The Categories of art, *The Art and the Art of Critiasm*, Princeton univ.press, 1952, p.29.
2) 다음 참조하여 필자가 작성함.

원재료 (전-미적)	제1차적	통사론적 연관에 있어서, 의미를 상징화하는 소리로서의 언어
	제2차적	일반적으로 모든 예술의 주제재, 즉 인간의 내면생활과 기본적 반응을 가진 內的, 外的 모든 체험의 대상
예술적 매체 (전-예술적)	제1차적	말의 일차적 상징과 음악에 의해서 표현된 것으로 가능한 비유적 관련에 있어서(보다 일반적이고 특별한) 이념
	제2차적	특수한 일차적 매체들에 의해서 표현할 수 있는 주제재(묘사적인 글에서의 대상과 질/ 극적인 글에서의 특별한 사회적 행위/ 서정적인 글에서의 감정적 의도적 진술/ 반향적인 글에서의 개념 및 심상)

형식을 다음과 같이 분석한다.[3]

- 구조적 요소
  - 구성단위들
    - 모티브
      - 단일적
      - 반복적
        - 중복적
        - 전개적
    - 기본요소[4]
      - 관념구성적
      - 非관념구성적
  - 구성단위들의 관련양상
    - 내부-관념구성적[5]
    - 상호-관념구성적
    - 상호-기본적
- 총칭적 형식
  - 내부중간적
    - 처리방법
      - 1. 운문과 산문
      - 2. 서정적, 반향적, 극적, 묘사적[6]
      - 3. 무시간적, 시간적
    - 作文의 유형 —— (서정시, 서사시, 드라마, 소설...)
  - 상호중간적
    - 1. 단순성과 복합성
    - 2. 통합성
    - 3. 리듬

T. M. Greene, 앞의 책, pp.98~119, facing p.690의 도표

3) 다음을 참조하여 필자가 작성함.
T. M. Green, 앞의 책, pp.123~126, pp.177~194, pp.210~212, pp.213~226, facing p.690의 도표

내용을 다음과 같이 분석한다.[7]

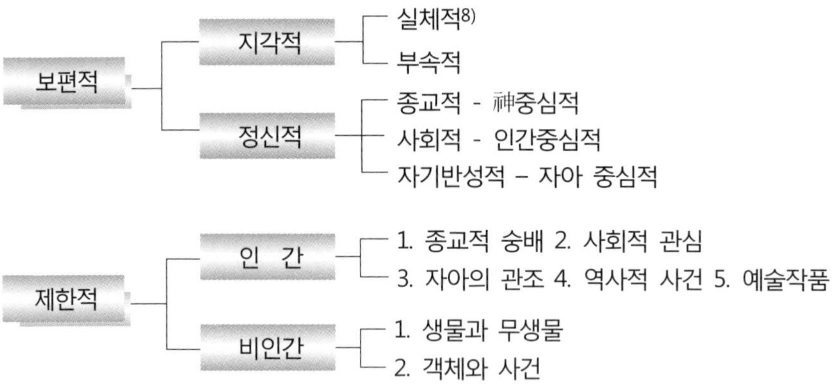

이상의 도표에서처럼, 그는 문학을 정수의 계층을 가진 어떤 기계처럼 분석한다.

---

4) 관념구성적 : 문학에 있어서 비유적 상징이 없는 句.

5) 내부관념구성적: 한 모티브에 〈기본요소〉가 동시적으로 있음을 가리킴.
상호-관념구성적: 한 作文에 있어서 서로 구별되는 두 모티브를 가리킴.
상호-기본적 : 한 모티브에 〈기본요소〉 가운데 하나가 있는 경우를 말함.

6) 서정적 처리방법 : 개인적인 혹은 감상과 이상에 의해 묶여진 개별적인 집단의 감정과 정서를 취급하여 그러한 감정과 정서를 비일상적인 생동감으로 표현하거나 그것들 자체를 표현하는 방법을 가리킴.
반향적 처리방법 : 인간의 본성과 의무, 물리적 세계와의 연관에 대한 묵상을 기술하는 것으로 자기 자신 및 자기 자신이 한 부문이 되어 있는 더 큰 진실에 관한 인간의 사고 및 의견, 이러한 사고와 의견에 대한 규범적 의의를 취급하는 경우를 가리킴.
묘사적 처리방법 : 개별적인 대상과 사건의 직각세계를 기술하는 것으로 있는 그대로(혹은 있는 것 같이) 그리는 경우를 가리킴.

7) 다음을 참조하여 필자가 작성함. T. M. Greene, 앞의 책, pp.268~275, pp.349~366, facing p.690의 도표

8) 실체적 : 자족적인 개별적 실체로서 대상 그 자체에 직접적으로 관련된 지각적인 대상의 지각적인 질, 상태를 가지고 있음을 가리킴.
부속적 : 자족적인 개별적 실체로서 대상 그 자체에 간접적으로 관련된 지각적인 대상의 지각적인 질, 상태를 가지고 있음을 가리킴.

2) 존재양식으로서의 중층체계

R. 웰렉(Wellek)은 '예술작품의 현대적 분석은 보다 복합적인 질문, 그것의 존재양식, 중층체계에서 시작되어야 한다'는 전제 아래서 문학적 계층을 분석한다.

(1) 소리층, 음조, 리듬 및 운율
(2) 문학작품의 형식적 언어적 구조, 그것의 문체 및 체계적으로 그것을 연구하는 문체로의 단련을 결정하는 의미단위들
(3) 특별한 논의를 필요로 하는 모든 문체적 장치에 속하는 가장 중심적이고 시적인 이미지와 비유
(4) 시적 신화라고 부르는 상징체계와 상징에 있어서 시의 특수한 세계, 서술적 허구가 보여주는 객관화된 세계
(5) 기교와 양식[9)]

그의 문학적 계층에 있어서 특히 우리의 주목을 요청하는 것은 (4)이다. 상식적인 언급이지만, '시적 신화라고 부르는 상징체계와 상징에 있어서' 시의 어떤 세계를 밝혀내고자 할 때, 우리는 그 대표적 경우로 K. 버크(Burke)의 이론을 들 수 있다.

K. 버크(Bruke)[10)]에게 있어서, 시란 상징적 행동(symbolic action)이란 말로 대신할 수 있다. 그의 이러한 시관은 키이츠(Keats)의 《그리스 항아리 頌時 *Ode on a Grecian Urn*》를 분석하는 자리에서 이론적 근거를 얻는다.

> 정보 혹은 앎의 수단으로서 언어를 간주한다는 것은 과학의 견지에서 인식론적으로 의미론적으로 그것을 간주하는 것이다. 행동의 양식으로 그것을 간주하는 것은 시의 견지에서 그것을 간주하는 것이다. 시가 행위(act)이기 때문

---

9) R. Wellek, A. Warren, 앞의 책, pp.156~157 요약
10) 그의 문학이론에 있어서 별도의 언급이 없는 한 다음을 참조함.
D. Daiches, analysis in action, 앞의 책, pp.301~315.
S. E. Hyman, K. Burke and the Criticism of Symbolic action, 앞의 책, pp.327~385.

에, 그러한 특성 가운데 행위를 만드는 시인의 상징적 행동은 구조 혹은 대상으로서 존재하며, 그리하여 그것에 반응하는 독자로서 까지 우리를 이끌어 간다.[11]

물론 이러한 이론적 근거를 얻기 전에, 그는 셀리(Shelly)와 워즈워드(Wordsworth)의 작품을 상징적 행동의 예로서 분석한다. 즉, Shelly의 《서풍부 *Ode to the West Wind*》와 Wordsworth의 《웨스터민스터 다리 위에서 *Composed upon Westminster Bridge*》를 인간행동 가운데 억압된 행동의 예로서 분석한다.

언어를 행동의 양식으로 이해함을 전제로 하는 상징적 행동이란 시관은 간략하게 말해서, 시가 인간행동을 포함한 의미의 복합체라는 것이다. 이러한 관심에서, 그는 시를 통하여 그것의 상징적 행동을 분석한다. 그 결과 상징적 행동을 크게 세 가지로 나눈다. 불면에서 감각적 체험까지의 육체적이고 생물학적인 행동, 양친 및 가족구성원과 관련 있는 개인적이고 가족적인 행동, 재생(rebirth)의 행동이 그것이다. 이 상징적 행동을 시에서 찾아낸다는 것은 상징체계와 상징에 있어서 시의 신화적 세계를 이해한다는 것과 다르지 않다. R. Wellekd의 (4)는 이러한 상징적 행동까지도 포함한 시의 신화적 세계를 총칭적으로 가리키고 있다. 즉, 문학적 계층의 분석에 있어서도, R. Wellek의 (4)는 이러한 상징적 행동까지도 포함한 시의 신화적 세계를 총칭적으로 가리키고 있다. 즉, 문학적 계층의 분석에 있어서, R. Wellek은 문학의 신화적 세계를 염두에 두고 있다.

3) 미적 대상으로서의 중층체계

N. 하르트만(Hartmann)은 형식과 내용을 '질료', '대상구조', '내용적 구조'라는 개념으로 대치한다.[12]

질료란 넓은 의미에 있어서 공간과 시간에 이르기까지 일정한 형식을 부여할 수 있는 무정형하고 무차별한 것으로 어떤 궁극적인 것이나 실체적인 것이 아니라 예

11) D. Daiches, 앞의 글, p.313, K. Burke 말 재인용

12) N. Hartmann, 전원배 역, 『美學』, 을유문화사, 1974, pp.14~15 참조.

술적 형식에 의하여 독특한 형식을 받는 일종의 감성적 요소이다. 이를테면, 조각의 그것은 석재, 금속이며, 회화의 그것은 색채이며, 음악의 그것은 음이며, 문학의 그것은 언어이다.

대상구조란 형식과 질료, 형식과 소재의 대립으로 인해서 형식의 범주에서 미적 가치를 밝혀내기 불충분하기 때문에 그것을 대신하는 범주이며, 내용적 구조란 내용과 다르지 않다.

이처럼 질료, 대상구조, 내용을 가진 미적 대상의 존재방식과 미에 관해서, 그는 말한다.

> 미는 하나의 대상으로 통일될 두 가지 대상이다. 하나는 실재적인 대상이며 그러므로 감성에 주어지는 것이지만, 또 하나는 실재적인 대상이나 그 배후에서 나타나는 전혀 별개의 비실재적인 대상이다. 따라서 미는 첫째 대상만도 아니고, 또 둘째 대상만도 아니라, 오직 양자의 연관에 있는 것이다. 그러므로 옳게 말하면 하나가 다른 하나에 나타나는 것이 미라고 말 할 수 있다. ……… 미적 대상의 존재방식은 ……… 두 가지 종류의 대상, 따라서 두 가지 종류의 존재, 즉 실재적인 존재와 비실재적이며 현재적인 존재가 겹쳐 있는 것이다.[13]

즉, 미적 대상에 있어서의 미는 실재적 대상 혹은 비실재적 대상, 그것들 자체에 의해서가 아니라 그것들의 현상관계에 의해서 나타난다. 이같이 미적 대상에서 나타난 미는 미적 대상에다 우리의 주관이 개입할 때 그 정체를 드러낸다. 즉, 미적 대상의 미는 그것 자체에 의해서가 아니라 미적 대상을 바라보는 주체에 대해서 그 정체를 드러낸다.(이런 의미에서 미적 대상은 대아적 존재 Für-uns-Sein 이다)

그렇다면 우리가 미적 대상에서 나타난 미의 정체를 밝혀내려고 할 때 우리는 어디서 출발할 수 있는가? 미적 대상을 구성하고 있는 두 가지 대상, 실재적 대상과 비실재적 대상, 그것들 자체에 대한 탐구에서 출발할 수 있다.

그는 실재적 대상을 전경, 비실재적 대상을 후경이라는 용어로 대신하면서, 그것들에 관해서 말한다.

---

13) N. Hartmann, 앞의 책, p.34.

> 전경은 언제나 감성적인 현상이다. 후경도 어느 한계 내에서는 감성적일 수 있고 그러므로 지각 속에 나타난다. …… 후경은 관념적인 그 무엇으로 알아서는 안된다. 그것은 반드시 사상적이 것도 아니며 반드시 이념적인 것도 아니다.…… 후경은 다만 말이나 글에 있어서와 동일한 의미로 '정신적 내실'인 것이다. 존재 전체 속에 들어 있는 비실재적인 그 무엇만이 표리되거나 지칭된다. 듣고 읽고 이해하는 의식 속에 표상된 내용으로 나타난다는 것만이 후경의 존재 형식으로 충분한 것이다.[14)]

간략하게 말해서, 전경은 실재적 존재이며 감성적인 현상이므로, 우리가 그것을 쉽게 파악할 수 있다. 그러나 후경은 비실재적이며 현상적인 존재로 정신적 내용이므로, 우리가 그것을 쉽게 파악할 수 없다. 따라서 전경이 고정적인 거시라면, 후경은 유동적이며 현상적인 것이다. 여기서 현상적이라는 의미는 후경이 몇 개의 계층으로 나누어질 수 있음을 뜻하며, 유동적이라는 의미는 그 계층의 수가 모든 예술작품에서 반드시 일치하지 않음을 의미한다. 미적 대상에 대한 이러한 언급은 반드시 음악, 회화조각, 문학에 똑같이 적용되는 것은 아니다. 이것은 질료의 측면에서 볼 때, 음, 색채, 석재, 금속과 언어의 성격이 다르기 때문이다. 음, 색채, 석재, 금속이 감성적인 실체라면, 언어의 이러한 이중구조에도 불구하고, 그것이 문학의 매체가 될 때, 문학에서 감성적인 실체는 음성이 아니라 언어 그 자체이다.

> 문학에서 실재적이며 감성적으로 주어지는 것은 말이나 글 뿐이다. 그리고 현상은 사실에 있어서 말이나 글에서 출발한다. 그럼에도 불구하고 (인물의) 형상이나 그 성격, 활동과 운명이 직접 말에서 나타나는 것이 아니다. 다시 한 번 다른 그 무엇, 즉 중간층을 통하여서 나타나는 것이다.[15)]

이러한 의미에서, 문학에 있어서 중간층이 설정된다. 이 '중간층'[16)]은 인물의 외면적인 태도, 이를테면, 인물의 표정, 말투, 신체운동, 눈에 보이는 활동과 반응이

---

14) N. Hartmann, 앞의 책, p.84.
15) N. Hartmann, 앞의 책, p.101.
16) N. Hartmann, 앞의 책, pp.101~104, pp.176~178 참조.

라 할 수 있는데, 이런 인물의 외면적인 측면을 통해서 인간적 태도의 외면이 아니라 내면적인 정신을 문학이 거둘 수 있는 성과라고 그는 말한다. 따라서 중간층은 모든 것을 위하여 감성적 소여의 역할을 담당하며, 그것은 후경의 일부가 된다.

이러한 문학의 특수성을 고려하여, 그는 문학적 계층을 분석한다.

제1층 : 작품에 대하여 독자가 취하는 공간 및 시간.
제2층 : 인물에게서 외면적으로 지각되는, 인물의 표정, 말투, 신체운동, 눈에 보이는 활동과 반응을 포함한 외면적 물적인 계층
제3층 : 아직 인물들의 완전한 내면적인 계층이 아니라 인물들의 외면적인 행위 혹은 서로 맞부딪치는 의향들의 긴장을 포함한 생명계층
제4층 : 인물의 에토스가 시작되는 내면성의 계층인 심적 계층
제5층 : 인간을 규정하는 인간 이상의 고차적인 섭리가 아니라 인물 전체 혹은 인물이 자초한 운명을 나타내는 정신적 연관의 계층
제6층 : 인물의 개체적인 인격 가치를 나타내는 형상가능한 계층인 개인적 이념의 계층
제7층 : 전 인간적 대상에 있어서 보편적이며 일반적인 이념이 언어에 의해서가 아니라 암시적인 형상으로 나타나는 보편적 인간 이념의 계층[17]

이상에서 그의 문학적 계층 분석은 첫째, 문학적 계층의 분석을 인물과 인물의 내면성의 분석과 동일시하고 있으며, 둘째, 문학의 이념 분석과도 동일시하고 있다.

17) 다음을 참조로 필자가 작성함.
N. Hartmann, 앞의 책, pp.4~5, pp.98~104, pp.164~225, pp.483~494.

4. 하나의 가설 : 문학텍스트의 중층체계

지금까지 T. M. 그린(Greene), R. 웰렉(Wellek), N. 하르트만(Hartmann)의 문학적 계층의 분석을 살펴보았는데, 이들 서로 간의 이론과 그 편차를 살펴봄으로서, 우리는 잠정적인 결론을 얻을 수 있을 것 같다.

첫째, 문학이란 한 전체에 관한 한, 우리는 구조의 관점에서 그것의 계층을 분석해야 한다. 예술비평가인 T. M. 그린(Greene)과 미학자인 N. 하르트만(Hartmann)은 질료, 형식, 내용 혹은 질료, 대상구조, 내용적 구조라는 임의상의 세 측면에서 문학을 바라본다. 그러나 이 두 사람의 경우, 질료를 언어로 보기 때문에, 사실상 내용과 형식의 이원론에서 문학적 계층을 분석한다. 물론, 형식과 내용이 예술적 종합의 견지에서 일치된다고 하지만,

> 문학에서의 '내용과 형식의 일치'는, 그 구절이 예술작품 안에서의 밀접한 상관관계에 대한 관심을 요청하고 있지만, 너무 피상적이란 오해를 일으키고 있다. 그것은 인공물의 어떤 요소라도 분석하는 것이, 내용의 분석이든 기교의 분석이든 간에 똑같이 유용하며, 그리하여 작품을 총체적으로 보아야 할 의무를 벗겨버려야 한다는 환상을 조장한다. '내용'과 '형식'은 너무나 광범위하고 서로 변별되는 의미로 사용되는 용어이기 때문에 그것들을 단순히 배열하는 것만으로 아무런 도움도 되지 않는다. 사실상, 조심스레 정의한 후에도 그것들은 너무나 간단히 예술작품을 양분해버린다.[1]

---

1) R. Wellek, A. Warren, 앞의 책, pp.27~28.

따라서 우리는 문학을 한 전체로서 구조의 관점에서 바라보아야 한다.

둘째, 문학적 계층의 분석에 있어서 문학의 형식의 분석이든 내용의 분석이든 다 같이 유용하며, 그것들을 포함해야 한다. R. 웰렉(Wellek)의 경우, 내용적인 측면보다 형식적인 측면을 분석하고 있으며, N. 하르트만(Hartmann)의 경우는 R. 웰렉(Wellek)의 逆방향에서 분석을 하고 있다.

문학을 형성하고 있는 것은 언어만이 아니라 언어가 대신하는 작가의 思想, 철학도 포함된다. 시에 한정된 것이지만, 문학 전체에 걸쳐서 이해해도 큰 무리가 없는 Olson의 지적은 대단히 시사적이다.

> 의자는 나무가 아니라 나무로 된 것이며, 시는 말이 아니라 말로 된 것이다. 어떤 의미에 있어서, 물론, 말은 가장 중요한 것이다. 만약 적절한 말이 아니거나 우리가 말을 이해하지 못한다면, 우리는 시를 이해하지 못한다. 다른 의미에 있어서, 말은 시에 있어서 가장 덜 중요한 요소이다. 말은 시에 있어서 다른 어떤 특성을 결정하지 못하기 때문이다. 逆으로, 말은 다른 모든 것에 의해서 결정된다. 말은 우리가 보거나 들을 수 있는 유일한 것이다. 그러나 말은 자신으로부터 의미화된 눈에 보이지 않는 것에 의해서 지배된다. 그리하여 우리가 시에 의해서 감동을 받았을 때, 우리는 가능한 한 소리가 리듬으로서 우리를 감동시키는 것을 제외하면 말에 의해서 감동받지 않는다. 우리는 말이 대신하는 것에 의해서 감동받는다.[2)]

여기서 말이 대신하는 것이란 작가정신, 문학 속에 구현된 철학적 사고, 내용적인 진술, 주제라고 할 수 있다. 이러한 것들도 역시 문학을 형성하는 한 부분이 된다. 따라서 우리가 문학을 이해한다는 것은 언어를 통해서가 아니라 문학을 형성하고 있는 것들의 총체성을 통해서 문학의 의미와 그 세계를 이해하는 것이다.

셋째, 문학적 계층 분석에 있어서 문학을 인공물의 어떤 것처럼 이해하는 기계론적 관점에서 벗어나야 한다. 특히 T. M. 그린(Greene)의 경우 문학을 정수의 계층을 가진 어떤 인공물로 이해하고 있는데, 이러한 관점은 기계론의 사고에 사로 잡혀있다.

---

2) Elder Olson, 앞의 책, p.21.

> 낱낱의 시에 있어서 다른 술어도 표현될 수 없는 무엇(개인적 직관 혹은 개념)이 있다. 마치 $\sqrt{2}$ 혹은 π같은 것이며, 그것은 단지 낱낱의 시의 한계로서 유리수에 의해 표현될 수 없다. 시의 비평도 1.414… 혹은 3.1416… 같은 것이다.[3)]

이처럼 문학의 세계는 낱낱으로 분석될 수 없는 무한의 세계이며, 여기서 비평의 한계가 자리잡는다.

넷째, 우리는 문학 자체의 시각적인 형태를 문학적 계층에 고려하지 않을 수 없다. 특히 시에 있어서, 그것의 시각적인 형태는 시의 총체적 의미의 한 부분이 된다는 것은 익히 알려진 사실이다. 문학에 대한 우리의 "창조적 이해의 첫 단계는 눈의 즉시성과 결백(the immediacy and innocence)을 되찾는 것이며, 그리고 시각적으로 놓인 것을 관찰하는 순간을 위하여 존속하는 것이다."[4)]

이상의 논의나 T. M. 그린(Green), R. 웰렉(Wellek), N. 하르트만(Hartmann)의 기존이론에 힘입어, 우리는 문학적 계층에 관한 다음과 같은 잠정적인 결론을 얻을 수 있다.

제1층 : 문학의 시각적인 형태의 층.
제2층 : 운율(meter), 리듬(rhythm), 소리결(sound texture), 음조(euphony)를 포함한 문학의 음성적 조직의 층.
제3층 : 문학적 표현 및 수사를 포함하는 문체적 장치(devices)와 가장 중심적인 문학적 이미져리의 층
제4층 : 문체적 장치와 가장 중심적 인문학적 이미져리에 의해서 결정지어지는 의미단위들(the units of meaning)
제5층 : 의미단위들에 의해서 환기된, 주제재(subjects-matter)에 대한 일련의 내용적 진술
제6층 : 문학적 총체적 의미와 그 세계

---

3) W. K. Wimsatt, Jr, 앞의 책, p.83.
4) I. Edman, The Thing, the Eye, and the Plastic arts, *Arts and the man*, New York, The New American Library, 1949. p.8.

제7층 : 상징체계와 상징에 있어서, 가장 중심적인 문학적 이미져리가 보여 주는 문학의 특수한 세계

물론, 문학적 계층에 관한 이러한 잠정적인 가설은 더 구체적인 단련과 세련을 요청한다.

그러나 이러한 가설의 설정은 현대 문예비평이 짊어지고 있는 문제, 곧 작품보다 창작행위와 시인이 비평적 관심의 대상이 된다는 사실을 해결하고자 하는 첫 예비적 단계로 불가피 한 것이다. 이러한 가설의 설정이 구체적인 이론체계를 얻는다면, 우리는 한국문학의 연구에 유익한 모범을 얻을 것이다.

한국문학이 안고 있는 일반적인 문제로, 우리는 장르론, 가치평가론, 문학사론을 들 수 있다. 이 가운데 몇몇의 유익한 업적이 이루어졌음에도 불구하고 아직도 많은 부분이 미해결인 채 남아 있다. 이러한 미해결의 장은 여러 사람의 지적 협력에 의해서 해결될 수 있을 것 같다.

참고문헌

C. Books, *Modern poetry and the Tradition*, The univ. of north Cardlina press, 1939

D. Daiches, *Critical approaches to Literature*, New York, Norton, 1956.

E. Sewell, *The Structure of Poetry*, London, Roultedge, 1962.

I. Edman, *Arts and the Man*, New York, The New American Library, 1949.(Anchor Book)

M. K. Danziger, W.S.Johnson, *An Introduction to Literary Criticism,* Boston, D.C.Heath, 1968.

R. Wellek, A. Warren, *Theory of Literature*, 1970.(Penguine Book)

R. Wellek, *Concepts of Criticism*, New Haven, Yale univ. Press, 1973.

S. E. Hyman, *The Armed Vision*, New York, Gandom House, 1955. (Vintage Book)

S. K. Langer, *Feeling and Form*, London, Roultedge, 1967.

T. M. Greene, *The Arts and the Art of Criticism,* Princeton Univ. Press, 1952.

W. J. Bate(ed.), *Criticism the major Texts*, New York, Harcourt, 1970.

W K. Winsatt, JR, *The Verbal /Icon*, Univ. of Kentucky press, 1954.

R. S. Crane(ed.), Critics and Criticism, Chicago, The Univ. of Chicago Press, 1957.(Phoenix Book)

N. Hartmann, 전원배 역, 『美學』, 을유문화사, 1974.

T. Todorov, 곽광수 역, 『구조시학』, 문학과 지성사, 1975.

찾아보기

ㅇ

ㅈ

ㅊ

ㅋ

ㅌ

저자약력

現) 부산대학교 사범대학 국어교육과 겸 동 대학원 예술문화와 영상매체 협동과정 교수
2004.10~2005.2 일본 동북대학 동북아시아연구센터 객원 교수
2002.12~2003.4 해외한국학 연구 파견 교수(중국/ 한국학술진흥재단)

[저술]
『영화와 영화축제』(2010)
『북한 영화의 역사적 이해』(2005)
『영화의 이해』(1991)
외 북한 영화, 북한 연극, 재외한국 연극에 관한 저술 다수.

문학의 이론

2012년 6월 15일 1판 1쇄 인쇄
2012년 6월 20일 1판 1쇄 발행

저 자 민 병 욱
발행인 김 광 식
조 판 아 람 기 획

120-837
발행처 서울시 서대문구 충정로 3가 8-5 동아아트 B 103호
도서출판 탑 북 스
등 록 2009.12.21 제 312-2009-000062 호
전 화 02)365-2223 팩스 02)365-2224

정가 12,000 원
ISBN 978-89-97519-14-9-93800